SV

Band 298 der Bibliothek Suhrkamp

Henri Michaux, der 1899 geborene, bedeutende belgische Schriftsteller und Maler begab sich früher als die Zeitmode in das Abenteuer der Droge. In seinen Meskalin-Versuchen entdeckt Michaux, dieser »Sindbad des Geistes«, wie André Gide ihn nannte, Neuland des Bewußtseins. Sein Buch, die Texte wie die Zeichnungen, führen den Leser ein in die Ästhetik, Ethik und Metaphysik der Droge; es ist ein Forschungsbericht, existentielle Prosa und mythischer Text zugleich. Die Droge als Abenteuer, die Droge aber auch als Höllenfahrt, als Gefängnis der Unendlichkeit, als Erkenntnis der Abgründe und Enttäuschung, eine »schlecht verdiente Unendlichkeit«.

»Henri Michaux ist ein Sprachkünstler hohen Ranges. Er gibt keine stammelnden Protokolle. Seine Prosa – von Kurt Leonhard brillant ins Deutsche übertragen – sind durchgearbeitete Texte.« *Günter Blöcker, Frankfurter Allgemeine Zeitung*

»In der Radikalität seiner Einsichten übertrifft er die, die mit ihm vergleichbar sind, also etwa Borges oder Becken. Auch wenn man ihn unaufmerksam liest, kann man den Vorgang dieser Lektüre schwerer rückgängig machen als bei anderen Autoren.« *Helmut Heißenbüttel*

Henri Michaux
Turbulenz im Unendlichen

Die Wirkungen des Meskalins
Acht Versuche mit zwölf
graphischen Blättern des Autors

Übersetzung und Nachwort
von Kurt Leonhard

Suhrkamp Verlag

Titel der Originalausgabe »L'Infini turbulent«.
1957 Mercure de France, Paris.

Erste Auflage 2018
Suhrkamp Verlag Berlin

Umschlag: Willy Fleckhaus
Printed in Germany
ISBN 978-3-518-24158-5

Inhalt

Erster Teil

Die Wirkungen des Meskalins

Man ist in eine Schockzone eingetreten. Phänomen der großen Massen, aber in winzigen Verhältnissen, ins Unendliche wogend.
Mit geschlossenen Augen hat man innere Visionen.
Tausende und Abertausende mikroskopischer Flammenpunkte, blendende Diamanten, Blitze für Mikroben.
Paläste mit unzähligen Türmchen, unter einem unbekannten Druck in der Luft hinfahrend. Arabesken, Girlanden, Jahrmarkt. Ein Extremismus im Licht, das mit ausbrechendem Glanz die Nerven anbohrt; Extremismus in den Farben, die dich beißen, dich anspringen – und brutal, verletzend, ihre Zusammenstellungen.
Zittern in den Bildern. Hin- und Herschwingen. Eine berauschende Optik.

Innere
Bilder
noch
leuchtender
noch
farbiger
noch
zahlreicher
noch
bewegter
noch
reicher
spitzenbesetzt
noch

(Wenn man die Augen wieder öffnet, scheinen die Gegenstände, die man um sich herum sieht, manchmal auf der Stelle zu wimmeln, nicht mehr in einem beständigen und bestimmten Abstand zu bleiben. Sie bieten einen interessanteren Anblick, wie von einem Tau farbiger Pünktchen überschleiert.)
Man ist empfänglich geworden für sehr, sehr feine Abwandlungen (im Blut? im Zellengewebe? in den Molekülen?), für

winzige Schwankungen (des Bewußtseins? der Allgemeinempfindung?), die man übrigens, um besser zu beobachten, vielleicht gleichzeitig sichtbar zu machen fähig ist. Aber zuerst hat man den Boden unter den Füßen verloren. Man hat das Bewußtsein seiner Anhaltspunkte verloren, seiner Glieder und Organe, und der verschiedenen Regionen seines Körpers, der nicht mehr in Betracht kommt, flüssig inmitten von Flüssigem. Man hat seine Wohnstätte verloren. Man ist aus der eigenen Mitte herausgefallen.

Zur gleichen Zeit, da das All sich verändert hat, ist man in den Überzustand hineingeraten, Visionen und Verflüssigung, Vorder- und Rückseite der gleichen Münze.

Man hat die Taue des behaglichen Normalzustandes schießen lassen müssen, in dem man sich befand, von dem man sich tragen ließ, und man hat seine ausgezeichneten Ortsbestimmungen aufgeben müssen, die das Unendliche außerhalb der Wälle hielten.

Im verwirrten Kopf macht sich ein überraschendes »alles zugleich« bemerkbar. Man befindet sich in einer Art von Turbulenz der Luft, wie etwa zwischen den Stäubchen eines geschlossenen Zimmers, die bis dahin ruhig erschienen, nun aber von einem durch das Loch im vernutzten

Ergriffen in einer unendlichen Turbulenz

Laden fallenden Sonnenstrahl demaskiert sind in ihrer tollen unaufhörlichen Zappelbewegung, die nirgendshin führt, keine Ruhe hat und keinerlei Sinn.

Unser ist jetzt diese Turbulenz.

Durchzüge

In der Kuppel einer größergewordenen inneren Leere herrscht eine äußerste Beschleunigung, eine Beschleunigung pfeilschnell hintereinander durchziehender Bilder, durchziehender Ideen, durchziehender Gelüste, durchziehender Impulse. Man ist zerhackt von diesen Durchzügen. Man wird hingerissen von diesen Durchzügen, man ist unglücklich und müde von diesen Durchzügen. Man wird von diesen Durchzügen verrückt. Manchmal wird man von diesen Durchzügen betrunken und schläfrig. Öfter noch von den Klauen dieser Durchzüge gepackt, hindundhergeschwenkt.

Geschwenkt
geschwenkt
geschwenkt

Geschwenkt, *geschwenkt, geschwenkt.*

Die Zeit vergeht über diesen neuen Durchzügen, eine schnelle Zeit, eine gierige Zeit, eine ungewohnte Zeit, eine Zeit aus ganz kleinen Augenblicken im Gänsemarsch, tollen, geschleuderten, geschossenen Augenblicken.

Man ist für sehr, sehr kleine Zeiteinheiten empfindlich geworden. Für alles Winzige ist man empfindlich geworden, für kleine »Werweißwas«, von denen eine Menge vorüberziehen.

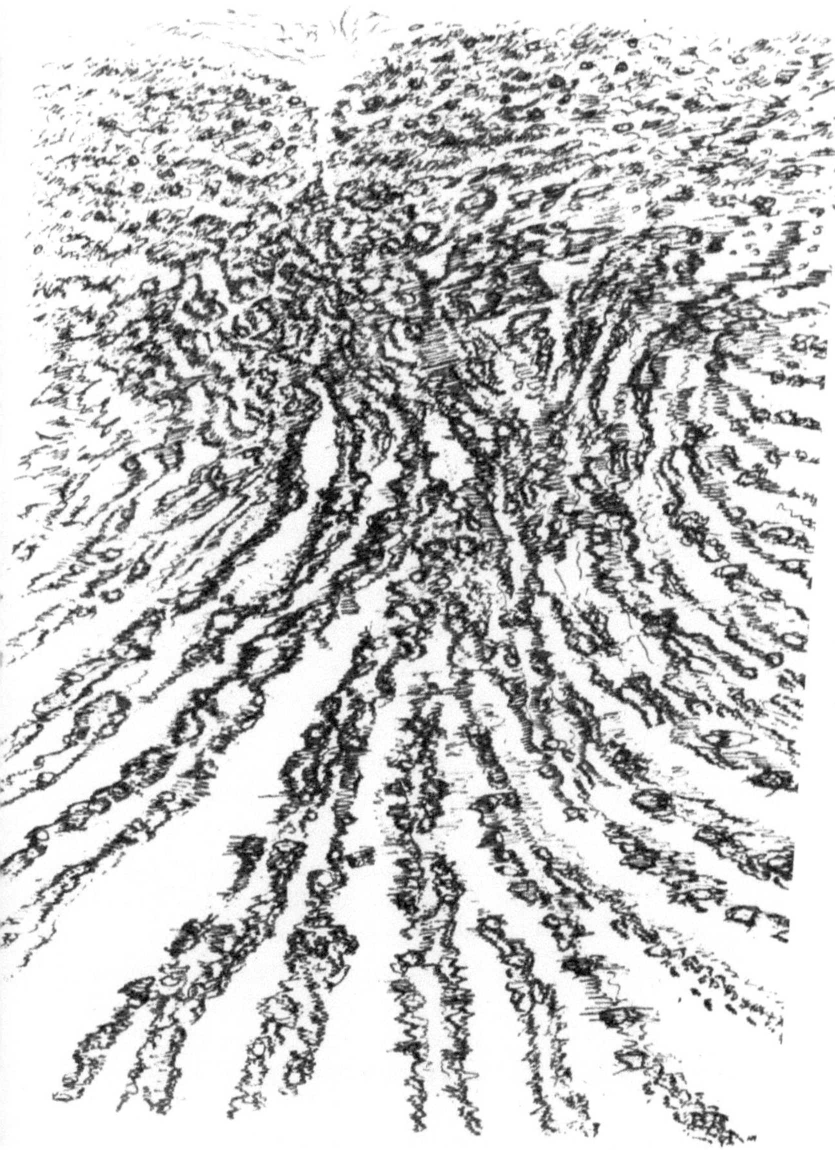

Empfindlich weil unempfindlich.
Wenn man so empfindlich geworden wäre, daß man statt des *a* der Stimmgabel jede einzelne der vierhundertfünfunddreißig doppelten Schwingungen unterscheiden könnte, aus denen es zusammengebündelt ist, dann wäre das ein Mehr an Sensibilität, aber man würde das *a* nicht mehr hören. Man hätte es verloren. So erkenne ich Tausende winziger Einheiten, ohne irgendetwas *wiederzuerkennen,* obgleich ihre Gesamtheit vielleicht irgendetwas sein mag, das ich fortwährend antreffe, das Gewohnteste, das Alltäglichste, das Gemeinste und vielleicht das, was am meisten mir gehört. Der Strom der Verkettungen, des Satzes, der Medidation, der Träumerei, ist nicht mehr da. Keine Ströme mehr, nur noch vereinzelte Tropfen, die alle zusammen Ströme, Reden, Masse, Stetigkeit bilden würden.
Beschleunigung. Wiederholung. Hervorhebung. Der »Eindruck« nun wirklich seinem Wortsinn entsprechend: Einprägung, in uns eingedrückt, zähe, anhaftend, unablösbar, in übertriebener Weise »beständig«.
Meskalin: Das was jede Träumerei beschleunigt, wiederholt, hin- und herschwenkt, hervorhebt, umstürzt, das was unterbricht.

Das Diskontinuum

Klare Ideen
wie Kometen
vorbeijagend

Alles unterliegt
dem Gesetz
der Unterbrechungen

Was die Diskontinuität veranschaulicht.
Diskontinuierliche Empfindungen.
Diskontinuierliche Bewegungen.
Diskontinuierliche Überlegungen.
Binär gebrochener Rhythmus. Unermeßlich skandiertes Metrum.
So als wäre alles zerknickt, jede Strecke immer wieder mittendurch knickbar.
So als wäre alles im Einklang mit einem Wechselstrom, mit einer hin- und herschwingenden Glocke,
mit einem Zuge von Kurzwellen.
Sogar das gewohnheitsmäßig am meisten Einheitliche, das Geläufigste, wird dem Gesetz der Unterbrechung nachgeben, wird zehnmal innehalten, zwanzigmal, fünfzigmal.

Strömung
abgeschnittene
Strömung
wiederentstandene
Strömung
abgeschnittene
Strömung
Verlangen
dann plötzliches
Aufhören
aber nicht
Widerwillen

Man hat ein Verlangen. Gleich darauf kein Verlangen mehr. Dann von neuem Verlangen, heftig, das ganze Feld erobernd, dann gleich nachher Nichtverlangen, keine Spur von Verlangen, dann, ohne Zeit zum Atemholen gehabt zu haben, von neuem Verlangen, im selben Augenblick, rasend, absolut, dann totales Nichtverlangen, absolute Interesselosigkeit ... und so verlängert sich im höchsten Tempo die merkwürdige Kette aus offenen Ringen, da kommt ein anderer Impuls dazwischen, der sie auf der Stelle anhält, schnell wie ein Vogel im vollen Fluge, der vor dem Fenster vorbeifliegt, ebenso schnell Aufhören des Impulses, keine Zeit darüber nachzudenken, und schon ist der Impuls wiedergekommen, dann gleich danach das neue Aufhören des Impulses bis zum Gleichmut einer Statue und dann von neuem der erste Impuls, ganz neu und heißhungrig und taub für alles, und wie ein Schatten folgt ihm das Aufhören des Impulses, mit der Geschwindigkeit des Herunterkollerns auf den Stufen einer Treppe, einer Treppe, die einen sofort in entgegengesetzter Richtung wieder zurückschicken wird. Keine Ruhe mehr. Man muß da hindurch, immer nacheinander, unendlich zusammengezogen, dann auseinandergezogen, dann zusammengezogen, dann auseinandergezogen, dann zusammengezogen, dann auseinandergezogen, nie von der Tyrannei des Wechsels losgelassen. Eine Idee, die man hat, vom gleichen unsichtbaren Mechanismus geschnappt, erst gezeigt, dann verdunkelt, dann wieder gezeigt, dann von einer neuen Verdunkelung verschlungen, dann wiedererscheinend, dann von neuem gelöscht, ist unwirksam, ermüdend, flüchtig, unerlebbar, töricht, überaus quertreiberisch, und trägt das Ihre dazu bei, die geistigen Funktionen vollends lächerlich werden zu lassen. Aufreizend, grausam, verheerend, macht unfähig zu jedem Nachdenken, zu jeder Theorie, zu jeder Systematik, macht gedächtnislos, standortlos (beständig aus dem eigenen Standort herausgeworfen, wieder eingesetzt, wieder ausgestoßen), macht zum Hampelmann, macht zappeln, zappeln, zappeln, zappeln, mit den Zappelbewegungen eines zappelnden Narren, Übersetzung der unaufhörlichen kleinen Zappelbewegungen, der Vorwärts- und Rückwärtsbewegungen zwischen Anwesenheit und Abwesenheit, Übersetzung aller der erlittenen Widersprüche und aller der Antagonismen, von denen man betäubt und zerstückelt wird.

Alle Einwilligung aufhörend

»Nein« durch brutalen Stillstand des »Ja«

Antagonismen, soweit mir schien, in ihrer sparsamen Montageform, also: »Ja«, dann Aufhören des »Ja«, dann von neuem »Ja«, dann Aufhören des »Ja«, und einen neutralen Zustand gibt es nicht.

Ebenso ist in einer anderen Reihe das »Nein« (das »Kontra«) von einem Aufhören des »Nein« gefolgt (einem Aufhören der Opposition), dann vom wiedererscheinenden »Nein«, dann vom Aufhören des »Nein« und damit der Weigerung, usw., ohne jemals bei einem »Ja« anzulangen. Dies ist mein Eindruck gewesen.

Sogar die sehr gewaltigen Bewegungen, die man oft plötzlich wahrnimmt wie unter dem Einfluß einer unvermuteten

Umschaltung oder einer Kettenreaktion.
Bewegungen in plötzlicher Ausbreitung, in Explosionsdolden, in Raketenfächern, sogar diese sehr schnellen Bewegungen, so außerordentlich beschleunigt sie sein mögen, müssen sich periodisch unterbrechen, aufhören, vollständig stillstehen, um plötzlich wiederzuerscheinen auf ihrer wiedergefundenen Schleuderbahn, um von neuem in vollkommener Ruhe innezuhalten, um von neuem ihren Schwung mit Höchstgeschwindigkeit wiederaufzunehmen.

Raketen oder nicht, in vollem Fluge oder nicht, auf ihrer Bahn oder nicht, immer sind sie gezwungen, dem Gesetz der Diskontinuität und der Unterbrechung zu folgen.

Wo die Opposition nicht auftritt, dort zeigt sich die Wiederholung, angewendet auf das Diskontinuum, denn dieses fehlt nie.

Aufeinanderfolge von ganz kleinen Einheiten, denn alles was dauert, wird hier zur Aufeinanderfolge von Elementen sehr geringer Dauer, von isolierten, abgetrennten, deutlichen Elementen.

Wiederholung der kleinen Schocks einer langen, auf diese Weise zerfallenden Empfindung.

Wiederholung jeder Art kaum wiederzuerkennen.

Wiederholung, die kein Ende findet, keinem Bedürfnis entspricht und den Kopf erschüttert.
Wiederholung eines wütenden Metronoms.

Hervorhebung von Bildern: Visionen, visionärer Zustand Akzentuierung der Gegenwartsempfindung: Halluzination (halluzinatorischer Zustand)

Wiederholung, die schon bestehende Hervorhebung noch verstärkend.
Hervorhebung, die auf ihrem Willen beharrt, beharrt, beharrt, die despotisch beharrt, die wiederkehrt, die nicht losläßt, die das Gegenwärtigsein verstärkt, den Eindruck von Gegenwärtigsein, die *halluziniert,* die zum Glauben auffordert, die schon der Glaube ist, ein Glaube, der unaufhörlich anklopft. Akzentuierung von verschiedenen Gegenwarten, Gegenwärtigkeitserlebnissen, Gegenwärtigkeitsbeschwörungen. Man muß sich beständig dem Glauben entwinden (allen Arten von »Glauben«), sich vom Glauben losreißen, wenn er einen unversehens überfallen hat. Ein Glaube von allen Seiten, gegen den man, auch wenn man gerüstet ist, nicht rechtzeitig Front machen kann. Jedoch die Hervorhebung drängt, oder der Drang hebt hervor, winziger Unterschied, der nun plötzlich wichtig wird, aber die Fortsetzung des Dranges nicht hindert, des Dranges, des Dranges, des Dranges, der auf die Empfindungen wirkt, auf den Glauben, auf den Schwung, auf dich selbst, und der sich verstärkt und sich verstärkt.

Sehr
Sehr
Sehr
Sehr
Sehr

Man ist von Superlativen überschwemmt. Man erstickt an Superlativen. Man könnte Superlative hinausheulen. Man ist unerschöpflich im Ausstrahlen von Superlativen. Man dürstet, hat ganz großen Bedarf an Superlativen. Nach den größten, nach den ungewöhnlichsten; man ist unersättlich. Man lebt superlavistisch.

Man fühlt: was man fühlen wird, obwohl man es noch nicht kennt, wird noch superlativischer zum Superlativ streben. Es wird noch mehr den Superlativ nötig haben. Nicht einen Superlativ wie andere. Einen Superlativ der Möglichkeiten. Einen Superlativ des Unbekannten. Einen absoluten Superlativ.

Superlativ
in den Möglichkeiten
Megalomanischer
oder vielmehr
maximomanischer
Druck

Die Phantasie kann dem Druck der Maximomanie nicht folgen. Die Phantasie erschöpft sich, bleibt zurück. Die Superlative aber setzen sich fort, weil nichts Besseres da ist, weil keine besseren da sind, keine wahreren, noch mehr supersuperlativischen, wie sie dem Unsagbaren entsprächen, dem Supra über allem, über allem Beliebigen, unfähig den zu befriedigen, der von nichts in der Welt mehr befriedigt werden könnte.

Superlative, die, mag es sein wie es will, dennoch die Bahn des Aufstiegs weisen, zur letzten Bewunderung, für die man, fast ohne es zu wissen, ganz vorbereitet ist, ganz aufschäumend und brodelnd, Superlative, die dir zeigen, was du noch nicht begreifen kannst, und was du vielleicht überhaupt nie begreifen wirst, die dich dir selbst zeigen, nach dem Unendlichen strebend, zum Unendlichen hingerissen, ausgehungert nach dem Unendlichen, dem du andrerseits doch zu widerstehen versuchst.

Drang ins Unendliche
Man wird davon überfallen, durchbohrt
man wird dabei porös

Jedoch der Drang nach Unendlichkeit besteht immer weiter, in dir, über dir, durch dich hindurch, in jeder unendlichkeitschaffenden Richtung, nicht die Unendlichkeit, welche den Zivilisationen der Statik Maß nimmt, deren feststehende Unendlichkeit, einmal akzeptiert, keine neue Übersteigerung zu erleiden hat, Unendlichkeit, die gegen ein neues Übermaß geschützt ist, sondern eine Unendlichkeit, die immer in Tätigkeit bleibt, immer in der Ausdehnung, in der Übersteigung; die Unendlichkeit eines Abgrundes, die

Dein Endliches wird aufgesprengt

den Plan und die Idee des Menschen, durch Begreifen ein Ende, Grenzen und Abschluß zu setzen, unablässig vereitelt. So verfährt das Meskalin (wenn man nur nicht unempfänglich oder widerstrebend ist): es schleudert dich weit über das Endliche hinaus, das in allen seinen Nähten aufreißt und sich als das zeigt, was es tatsächlich ist: eine Oase um deinen Körper und dessen Welt, geschaffen von

Arbeit, Willen, Gesundheit, Wollust, ein Bruch im Unendlichen.

Das Meskalin verweigert die Beruhigung der Endlichkeit, die der Mensch, mit seiner großen Erfahrung in der Kunst des Schrankensetzens, so trefflich zu erzielen versteht.

Das Meskalin – seine Bewegung, sofort außerhalb aller Schranken.

Infinivertiert, wirkt es *antikalmierend.* (Der Unendlichkeit zu-, der Ruhe abgewendet.)

Und das ist grausam.

Die Unendlichkeit Feindin des Menschen

Der Mensch, der überall von der Unendlichkeit bedroht ist, tut alles, was er kann, sich davor abzuschirmen. Sehr mit Recht. Der Große Wirbel, gerätst du zufällig hinein, zerbricht dir die Knochen.

Das Allernotwendigste ist, sich der Unendlichkeit gut vorbereitet darzubieten. Nicht nur wie es Vorschrift ist: nach Fasten, Enthaltsamkeit von jeder Zerstreuung. Um dahin zu gelangen, aus dieser Droge, der störrischen Umtreiberin, aus der das Unendliche aufreißenden Wahnsinnskraft eine Verbündete zu machen, sind ungefähr die gleichen Dispositionen nötig, die in dem *Bardo Thödol* für jene Reise, von der man nicht wiederkehrt, angezeigt sind, Vorbereitungen, die man vielen überlieferten Lehren zufolge getroffen haben muß, um den okkulten

Gewalten gegenüberzutreten. Man muß fast wie ein Priester hingehen, und vielleicht wäre ich nie zu dieser Erfahrung gelangt und wäre bei meinen anfänglichen Beobachterkenntnissen stehengeblieben[1], wenn ein günstiges Fieber mir nicht den Gehorsam und den notwendigen inneren Ausgleich geschenkt oder doch erleichtert hätte, die ich bisher nicht besaß . . . und dazu eine gewisse Hochgestimmtheit.
Hochgestimmtheit, Hingabe, vor allem Vertrauen: das braucht man bei der Annäherung der Unendlichkeit.
Ein kindliches Vertrauen, ein Vertrauen, das vorauseilt, voll Hoffnung, und dich emporhebt, Vertrauen, das in das tumultuarische Gebräu der Überwelt eintritt und zu einer immer größeren Hebekraft wird, ungeheuerlich große Hebekaft, ganz außerordentliche Hebekraft, nie vorher gekannte Hebekraft, über sich selbst hinaus, über alles hinaus, wunderwirkende Hebekraft, die zugleich eine Einwilligung ist, Einwilligung ohne Schranken, beruhigend und anregend, eine Überflutung und eine Befreiung, eine kontemplative Betrachtung, ein Durst nach noch mehr Befreiung, und

1. *Misérable Miracle* (Ed. du Rocher, Monaco 1956)

doch mit der Furcht vermischt, daß die Brust zerspringen könnte in dieser seligen, ausbündigen Freude, die man nicht in sich unterbringen kann, die man nicht verdient hat, überfließende Freude, von der man nicht weiß, ob man sie empfängt oder ob man sie hinschenkt, und die zuviel ist, zuviel . . .

Außer sich, mehr eingeatmet noch als atemholend in einer Erneuerung, die sich ausdehnt, sich unsäglich ausdehnt, mehr und mehr.

Alles wird in der Tat anders, wenn es gelingt, statt Bildern, Ideen und geistiger Schnelligkeit, den *Elan* selbst, der zur Ekstase werden soll, zu intensivieren, zu meskalinisieren.

Aber andere Gefahren sind nicht ausgeschaltet.

Die Unendlichkeit (selbst wenn sie nur scheinbar unendlich ist) kann auf dreierlei Weise angesprochen werden: auf die reine Weise, die diabolische Art und im Stil des Wahnsinns. Die selige Unendlichkeit – die perverse und satanische Unendlichkeit – die entsetzliche und verstörende Unendlichkeit.

Ein Raum von Fadenbreite trennt sie.

Wer ist beim Lesen der Mystiker und der Kontemplativen nicht davon frappiert gewesen, daß diese immerfort dem Dämonischen begegnen (sie nennen es den

Dämon), daß sie unaufhörlich mit ihm zu tun haben?
Der Wahnsinnige seinerseits hat es fast immer mit Gott und dem Teufel zu tun. Das ist nicht bloß Megalomanie, und die Megalomanie liegt selbst in dieser Richtung.
Was das Dämonische betrifft, wo ist es nicht?
Sogar die Liebe, die beste Verfassung, in der man sich zur Begegnung mit dem Großen Wirbel anschicken kann, sie sogar ist mit Gefahren verbunden. Denn die Liebe ist niemals ungemischt. Wie soll man wissen, ob ihr Gegenstand wirklich einzig und rein ist? Nun, die Gefühlswallung vermehrt und steigert *alles* ins Phantastische, was sie in der Seele, tätig oder verlangend, antrifft.

. . .

Jemand könnte sagen, wie in den Hymnen des Rig Veda[1] gesagt wird:

1. Der *Rig-Veda,* das erste der heiligen Bücher der Hindu, enthält u. a. einhundertacht Hymnen an das *Soma,* ein Präparat aus einer heute ausgestorbenen Pflanze, dessen Wirkungen dem Meskalin näher sind als irgendeinem andern Rauschmittel. Die Priester nahmen es, um an der göttlichen Natur teilzuhaben, und sogar, nach ihrer Lehre, auch *Indra,* um seine Göttlichkeit zu nähren.

»Ich bin sehr groß. Ich erhebe mich bis zu den Wolken.

...

Ich habe Soma getrunken. Ich habe mich dem Rücken der Erde enthoben
Ich bin angekommen in der Welt des Lichtes, des überirdischen Lichtes.
Mein Herz ist jetzt befreit von den Qualen. Ich bin eine weite Ebene, ein Ozean aus Raum ...
Ich bin im Licht angekommen. Ich bin unsterblich geworden.

...

Laß mich brennen wie ein entfachtes Feuer. Laß mich leuchten.«

Das könnte einer sagen, der Meskalin genommen hat, diese dem Soma offenbar verwandte Droge. Aber er sagt es nicht. Nur widerwillig und brockenweise nimmt er die schrankenlose Größe und die *Devas* (die »Glänzenden«: die Gottheiten) in sich auf, und er nennt sie eher eine Verblendung oder eine Störung des Sehzentrums. Ich selbst habe mich oft so verhalten, weil ich ein paar Beobachtungen dem Himmlischen vorzog.
Meine Versuche haben auf diese Weise begonnen: dem Phänomen getreu. Ich habe das Schauspiel betrachtet, um mich zu unterrichten.
Dennoch führten sie zu drei Trancezu-

ständen . . . unerwarteterweise. Meine Unterrichtung ist in der Tat über das hinausgegangen, worüber ich unterrichtet zu werden meinte. Und auch da habe ich mich zunächst noch wie eine Ameise benommen, die, wenn ihr Bau zerstört wird, ihre Eier nicht im Stich läßt und sie mit sich fort trägt. Ich habe sie trotzdem loslassen müssen und mich selber auch, und alles nahm kein sehr beruhigendes Ende. Seit jeher in Auflehnung gegen die verbotenen Türen, gegen die Reservate »nur für Eingeweihte«, habe ich in diesem Falle doch von mir selbst aus gewußt, daß man nicht mehr davon sagen darf und *warum* man nicht mehr davon sagen darf. Die übermenschliche Waffe mit den vielfachen Schneiden läßt sich nicht ausliefern.

. . .

Gewisse Erfahrungen müssen jedoch mitgeteilt werden. Im folgenden findet man acht davon. Chaotisch, von einer Überraschung zur andern, so, wie es sich wirklich zutrug, mag allmählich aus ihnen die regellose und schwierige Lehrzeit ersichtlich werden, in welcher die Elemente einer Welt, einer Erkenntnis, eines neuen Verhaltens vor den Augen dessen vorüberziehen, der sie zu sehen und zu erkennen vermag.

Zweiter Teil
Acht Versuche

Versuch 1

Die schwarze Vision

Zweimal, im Abstand von einer Stunde, Meskalin genommen. 0,20 Gramm? Ich weiß es nicht. Wie soll man ohne Instrumente Dezigramme messen? Diese Ungewißheit wird mir gleich darauf sehr ärgerlich sein.

Bilder heben
sich heraus
Betonungen
treten
aus Worten hervor
aus manchen nur
aus manchen
Silben nur

In dem Magazin, das ich durchblättere, treten manche Bilder oder Teile von Bildern ohne ersichtlichen Grund gegen die andern hervor. Ebenso heben sich in den durchflogenen Sätzen manche Worte oder Silben heraus, und sogar sehr stark, ohne daß die Bedeutung irgendeinen Einfluß darauf hätte.

...

in alle Ewigkeit
hinundherbewegen
in alle Ewigkeit
hinundherbewegen
Wasser das sich
in alle Ewigkeit
hinundherbewegen
wird

Wasser bewegt sich in einem Glase, aus dem ich getrunken habe. Mir wird schlecht, wenn ich es ansehe. Ich muß die Augen davon abwenden. Ich muß mich vollständig abwenden von diesem Wasser, das dazu gebracht worden ist, sich hinundherzubewegen, das sich jetzt in alle Ewigkeit hinundherbewegen wird. Die Sinnesempfindung ist eingefangen in einer automatischen Strömung, die sie nicht losläßt. Sinnesempfindung recht eigentlich »eingeschifft« auf einem

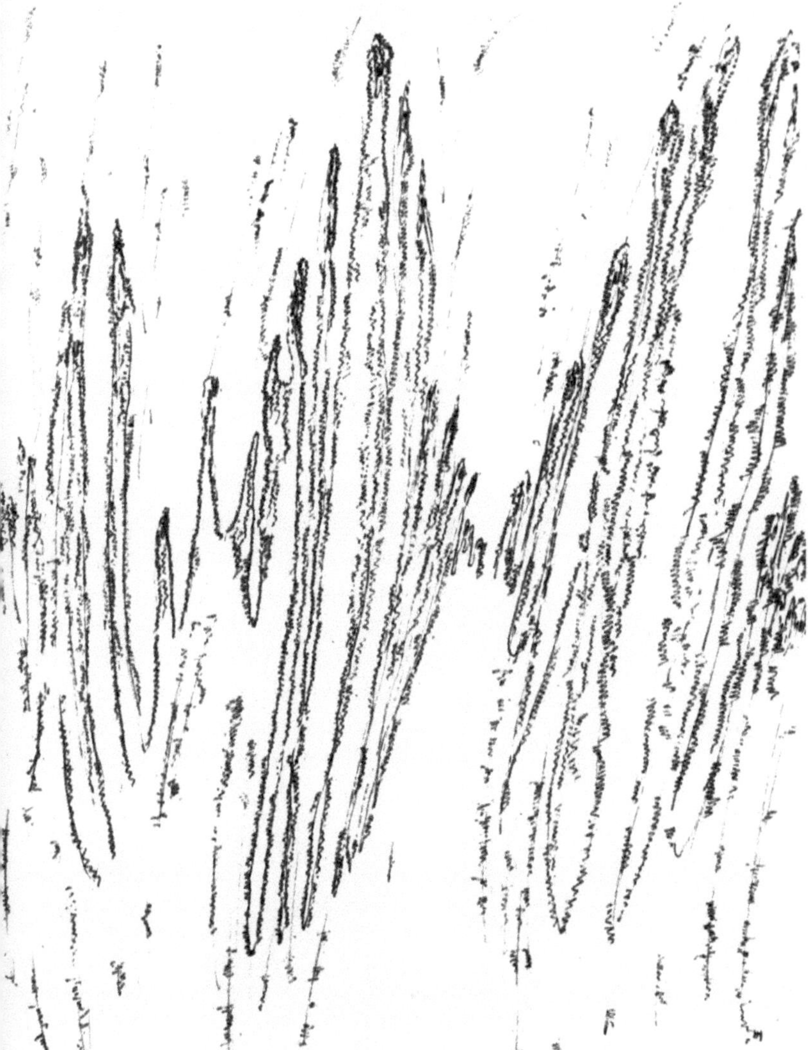

. . .
Wahrnehmung
droht
mit endloser
Dauer
existiert
existiert
existiert
zunehmend
unerträglich

Verstärker-Verlängerer, der sie dauern läßt. Verkoppelt mit einer fortgesetzten Bewegung, setzt sie sich fort, wiederholt sich, und weil sie sich ohne Grund wiederholt, sieht man nicht ein, weshalb sie sich nicht ohne Ende wiederholen sollte, ohne Ende, ohne Ende, für immer.

. . .

Ich nehme eine illustrierte Zeitschrift und betrachte einen Mann, der darin photographiert ist. Bald wird er mir lästig. Er existiert zu stark. Er hat eine zunehmende Existenz. Er existiert mit Wiederholung. Er existiert immer mehr, immer weiter, und es ist kein Ende abzusehen. Es gibt kein Filter mehr zwischen seiner Existenz und der meinigen. Seine Art zu existieren steht in gar keinem Verhältnis zu seiner wirklichen Bedeutung und zu dem Interesse, das er für mich haben kann[1].

Genug. Ich will nicht mehr. Schluß mit unserem Gegenübersein!

Ein anderes Bild. Da, diese junge Japa-

1. Die rasch wiederholten Wahrnehmungen machen das Objekt unzweifelhaft. Die hämmernde Verstärkung (durch eine immer größere Anzahl von »Schlägen«, die schwer zu ertragen sind) läßt fürchten, das Objekt könnte unauslöschbar, unvergänglich werden. Tatsächlich gelangt man nicht dazu, es im gleichen Takt zu tilgen. Es kehrt sogleich verstärkt wieder.

nerin auf dem Titelblatt, die eben noch sehr hübsch aussah. Auch sie wird aufdringlich. Ich werde nie mehr aufhören können sie zu sehen. Sie (ihr Bild) wird verstärkt von Verstärkungen, die mich nichts mehr lehren können. Sie drängt sich auf. Das ist alles.

Meinetwegen, betrachten wir jetzt also die Boote, diese schönen malaiischen Boote, mit erhobenem Bug, die mir so sehr gefallen, nein, die mir so sehr »gefielen« – denn ihr Bug ist jetzt auf eine so besondere Art Bug, auf eine unerträgliche Art ist er Bug. Er ermüdet mich, weil er Bug ist. Er ist bis zu einem Grade Bug, daß er alles in mir aufstört, was nicht Bug ist. Er ist fanatisch Bug. Betrachten wir also die Ruder. Das ist noch schlimmer. Alle Schärfen sind zu scharf. Die siamesischen Ruder sind allerdings ziemlich scharf an ihrem Ende. Aber heute ist es nicht die gleiche Schärfe. Ihre Schärfe proklamiert die Schärfe. Ihre Schärfe durchdringt mich. Soll ich weitermachen? Diese Illustrierte über Asien, die ich mir ausgesucht habe, mich zu beruhigen, und die für gewöhnlich diese Aufgabe sehr gut erfüllt, wird zu einem Ort übler Begegnungen. Noch ein paar Blicke. Da ist ein Fischer. Gewiß ein guter Kopf. Dennoch ist er »zuviel«. Unter Meskalin fühlt man sich vom

Bug
zu sehr Bug
scharf
zu scharf

Den Menschen gegenüber fällt man nicht mehr ins Gewicht
Unerträglicher Fortbestand des andern

andern Menschen bedrückt. Vor dem Bild der Menschen »fällt man nicht mehr ins Gewicht«. Und immer wieder ihre Aufdringlichkeit, weiter und weiter dasein zu wollen. Was die gewöhnliche Realität (noch mehr die photographierte) sonst Gutes hat, ist die Tatsache, daß sie sich vor uns, in uns auslöschen läßt, die gute, die brave, die so leicht zu vergessende Realität. Diese hier ganz im Gegenteil beharrt, geht nicht weg, läßt nicht los. Jedes Schauspiel wird Gefahr. Seltene Inseln der Harmlosigkeit inmitten von »Fallen, um dich festzuhalten«. Sehen wir noch ein oder zwei Photos an. Ein sanfter Strand – das wird doch nicht wehtun können. Einige nackte Jünglinge im Sand, aber plötzlich erscheinen sie mir allzu verwundbar, allzusehr einem Zerschmettern preisgegeben.

Schnell eine andere Photographie, diese hier zum Beispiel, auf der man einen Orientalen mit einem Papierdrachen spielen sieht. Ich betrachte. Alles scheint gut zu gehen, doch während ich zerstreut die Unterschrift lese, die englischen Worte »with gaudy eyes . . . shaped kites«, die ich übrigens nicht ganz sicher bin zu verstehen, springen plötzlich aus dem Satz, aus der Seite, sehr stark die »ei« und erklingen für sich allein wie durch

(von *eyes* und *kites)*

die »Aij« »Aij« erklingen für sich allein

einen seltsamen, zur Unzeit eingesetzten Schallfänger, mit einer Stärke, die sie in mich hineinbohrt und im selben Maße die ganze übrige Seite zurückweichen läßt, die farbige Bildseite, die mir nichts mehr bedeutet.

Das auf einmal so ungeheuerliche und schreiende Vorhandensein der »Aij, Aij«, das in meinem Kopf und in meinem vollkommen stillen Zimmer widerhallt, hat etwas Unsagbares, gleichsam »auf den Balkon heraustretend«.

Ich halte inne, ein wenig später nehme ich die Zeitschrift wieder in die Hand, aber diesmal ohne zu lesen oder länger als einen kurzen Augenblick zu betrachten, damit ich die »Fallen« der automatischen Fortentwicklung vermeide. Aber wie ich darin blättere, bekommt das leichte Knittergeräusch, das ich beim Umwenden der Seiten verursache, plötzlich, aufs wunderbarste ausgeweitet, eine extreme und allgemeine Bedeutung, eine Bedeutung wie die von einer mir verkündigten bevorstehenden Änderung meines Lebens oder von einer weiten Überseereise. Erst am nächsten Tage meine ich zu verstehen, wie diese extreme Bedeutung, ohne andere sichtbare Verbindung, mit dem majestätischen Rauschen der Papierblätter zusammenhing, das mich gestern wahrscheinlich unbewußt an einen Kreuzer oder einen Passagierdampfer erinnerte, ohne mir doch sein Bild ins Bewußtsein rufen zu können. Der versteckte Vergleich ist eines der Phänomene des Meskalins. Der Gegenstand des Vergleichs fehlt, kann nicht kommen, und der Eindruck, den er hätte machen müssen, verbreitet sich ohne ihn in der Situation, die einen überrascht und ihr Geheimnis wahrt.

Gegenüber das nicht endet

Weiter, noch ein paar Photos, die letzten. Eine orientalische Frau. Ich betrachte sie. Wir betrachten uns[1]. Wieder dieses exzessive Gegenüber. Sie ist vor mir. Sie wird leben, aber ich erlaube es nicht. Im allgemeinen setzt sich mein Sehen aus einer Einwilligung und einem Widerstand zusammen. Hier nun fast kein Widerstand und ziemlich viel Einwilligung. Gewöhnlich lasse ich mich durch eine Photographie leicht faszinieren, hypnotisieren. (Jemanden hypnotisieren – heißt unter anderem: ihn hindern, Überlegungen anzustellen, außer der einen einzigen, die man ihm aufzwingen will.)

1. Der Doktor Morselli macht dieselbe Beobachtung mit einem Bildnis des Tizian, von dem er sich plötzlich abwenden mußte, und dessen Blick er einen Monat lang nicht ertragen konnte. (»Das Problem einer experimentellen Schizophrenie«, *Journal de Psychologie normale et pathologique,* XXXIII. Jg., Nr. 5–6, 1936)

Ach, diese Köpfe
von Erwachsenen
entsetzlich
entsetzlich
daß es das gibt

Für manche Köpfe empfinde ich eine tolle Antipathie. Lästig, abstoßend, unmöglich. Und kein Menschengesicht, das beliebig wäre. Das Beliebige bleibt nie lange beliebig. Ach, diese Gesichter der Erwachsenen, wie gräßlich!

. . .

Qual

Aufregung

. . . jagen in höchstem Tempo vorbei ohne sich zu vollenden, auf immer unerinnerlich . . .

. . .

diese Straße
kranke Straße
der etwas fehlt

Ich bin ausgegangen. Ich habe mich zu sehr aufgeregt. Da bin ich nun am Quai des Grands Augustins. Zwischen zwei inneren Schauern werfe ich Blicke auf diese große Verkehrsader, die mir an einem Mangel zu leiden scheint, an einem seltsamen Mangel, auf den ich nicht den Finger legen könnte. Zweifellos bin ich das was fehlt, alles was ich gewöhnlich hineinbringe. So ist es V. ergangen, der nach einer starken Dosis eines verwandten Produktes in die rue du Dragon ging, eine der ihm vertrautesten Straßen, sich aber nicht wirklich darin fühlte, sondern in einer falschen, nachgemachten Straße, einer vollkommenen Kulisse der rue du Dragon.

Kurz gesagt, sie hatte ihre Einheit verloren, auch jene Wesenseinheit, die sie gebildet hatte, zusammengesetzt aus der rue du Dragon und dem Wesen dessen, der sie betrachtete und mit seinen eigenen Empfindungen bis zum Platzen möblierte.

Endlich Opernplatz. In einem großen Café, wo ich Halt gemacht habe, weil ich damit dem Karussell Halt zu gebieten meinte, das mich herumschwingt. Aber unsere respektiven Schwenkungen, wie zwei Planetenbahnen, kreuzen sich auf eine verwirrende Art, in einer extremen Disharmonie und Kakophonie, ohne sich zu verbinden.

ruhelos
Café
ruhelos

So geht es nicht weiter. Sollte ich am Ende meiner Kräfte angekommen sein? Achtung. Ich darf mich nicht gehen lassen. Kein Taxi da. Es ist Sonntag. Nur nicht den Kopf verlieren. Ich werde die Linie 27 nehmen. Im Omnibus verstecke ich meine Augen hinter einer Sonnenbrille, denn die sehr ausgeweiteten Pupillen könnten manche Leute erschrecken und sind vielleicht im Café schon aufgefallen.

Es sind viele Leute da. Einverstanden, ich interessiere mich für Köpfe. Aber auf den Photographien wählte ich die meinigen, jene, die mir zusagten, und auch die wurden rasch unerquicklich, bedrückend, penetrant.

Hier übernimmt allein der Zufall für mich die Zuteilung der Gesichter. Das Geschick

schwarzer, schwarzer
Othellokopf
steigt
aus den Schlacken
eines Vulkans
von Leidenschaften

hat mir gegenüber einen Negerkopf aufgebaut. Nicht erschreckend. Nein, aber zuviel, aber lästig wie das Gesicht einer jener Frauen, die der Liebhaber eines Abends zu sich heimgebracht hat und die er am nächsten Morgen, aus einem schweren Schlaf auftauchend, auf dem Kopfkissen findet, aufgeschwemmt, unbegreiflich, ungeheuerlich, von Erschöpfung aufgelöst, »aus der Bahn geworfen«, so daß er sich sogleich fragt, wie er sie loswerden soll; oder auch wie der Kopf eines Unbekannten, den man nach einem Bombenangriff auf seiner Schulter findet, bleich, von Trümmerstaub und Splittern bedeckt, und man wartet vergebens darauf, daß er zu nichts zergehe wie die letzte Spur eines bösen Traumes.

. . .

Auf meinem Neger wie auf sovielen andern Gegenständen verbreitet sich schließlich, wiederholt sich die gleiche innere Litanei, die sagt »immer, immer, wird nicht mehr enden, wird nicht mehr enden, wird niemals enden«.

. . .

Was es mich für Anstrengung gekostet hat, in meine Wohnung zurückzugelangen, und ausgestreckt, nicht entspannt, in mir die Zone der inneren Visionen wieder zu erreichen, das könnte ich nicht sagen, ich lasse es fallen, wie alles mich scheinbar

Wackeln
Wackeln
mein Kopf
macht sich
selbständig
macht sich
unabhängig

fallen ließ, wie mein Kopf, nun, mein Kopf, der »sich verselbständigte«, mein Kopf, den ich kratzte und rieb, ohne etwas dabei zu empfinden, aber ich kenne dieses Zeichen, es ist nicht gut, gar nicht gut, ich habe es mehr als einmal erlebt[1]. Zeichen der sich ausbreitenden Unempfindlichkeit, und wenn sie sich zu weit ausgebreitet hat, ist es aus mit jeder Selbstbeherrschung. Soll denn dies abermals meine Wachsamkeit überrumpeln und mir die Führung meines Daseins aus der Hand winden?

Visionen, lebhafte,
lebhafte, schwarze

Visionen, viele Visionen, lebhafte, lebhafte.

Mein Puls ist trocken und hart, mein

1. Das Zeichen, das niemals fehlt, das alle andern bedingt oder hervorruft oder verwirklicht, in der hysterischen Krise und in der mystischen Ekstase, ist der Verlust der Sensibilität, der auch bei den instinktiv Perversen allgemein vorkommt, ein Zeichen schließlich, an welchem man im Mittelalter die Hexen erkannte. Einzig die Intensität ist verschieden: groß hier, aber bei jenen total. Sie reißt alles übrige mit sich.
Wenn die Sensibilität weggenommen ist, tritt der Mensch in die Unendlichkeit ein, wird sensibel für die Unendlichkeit und verliert die geistige Ordnung. Er tritt in den Überzustand ein.
Sensibilität (ihre Auskünfte) also unentbehrlich. Eine geistesgestörte Logik ist eine Logik, die von der Sensibilität nicht gewarnt wird, aufzuhören und einer andern Platz zu machen.

Blutdruck steigt zweifellos in meinen verkalkten Arterien.

. . .

und wenn ich nun
nur noch Schwarzes
sehen könnte
in alle Zukunft
nur noch umringt
von Schwarzem

Plötzlich habe ich Furcht. Ich habe schwarze Bilder gesehen. Wie, wenn ich jetzt nur noch Schwarzem begegnen würde? Wenn ich mich draußen wie drinnen für immer und ewig im Schwarzen befinden sollte.

Ich, der ich bisher auf Grund ich weiß nicht welcher optischen Theorie geglaubt hatte, man könne keine wirklich schwarzen inneren Visionen haben, ich bin jetzt soweit gekommen, und werde vielleicht meine verfluchte Neugier auf katastrophale Weise mit meinem Augenlicht bezahlen müssen. Die gewohnten rissigen Felsen sind jetzt schwarz, die Baudenkmäler, die zittern, ohne zu stürzen, sind schwarz, und schwarz auch die Köpfe, anthrazitschwarz. Und das ist erst ein Anfang. Das Gewimmel wird jetzt räumlich.

der Angriff
der Schwarzen

So weit, wie mein Blick reicht, bilden sich schwarze Punkte im Raum, nähern sich (je länger ich in eine Richtung sehe, desto mehr Schwarz versetze ich unwillkürlich dorthin), nähern sich einander, um miteinander zu verschmelzen und nach und nach eine unermeßliche, fast ununterbrochene Schicht zu bilden, fast aus einem Stück, doch in diesem kritischen Augenblick verschwindet der Raum selber und ein anderer steigt herauf, und wieder bilden sich die schwarzen Punkte, diesmal eine Art von Laufkäfern, die aber toll zappelig sind, sich in Marsch setzen, sich in Lauf setzen, aus allen Richtungen herankommen, als wollten sie einander durchdringen, sich zusammenballen, und schon ballen sie sich zu einer einzigen Masse zusammen, doch wieder einmal verschwindet der Raum, mit einem Schlage, und ein neuer Raum nimmt seine Stelle ein, vielleicht klein, vielleicht groß, aber unfehlbar, so oder anders, kommen in einem Nu die Schwarzen, bedrohen ihn, erstürmen ihn, überschwemmen ihn, heranfliegend wie Raketen, klein zuerst, beim Abflug, stets unermeßlich groß bei der Ankunft.

Schwarze vom Ende der Welt herkommend

Manchmal freischwebend in der Luft, einem phantastischen Flockentreiben vergleichbar, fallen sie zu Millionen, schwarze Körner, dicht aneinandergedrängt, und bringen in jede Helligkeit eine verwirrende und doch methodische Unterbrechung.

schwarzes Flockentreiben

Aus der Tiefe eines immer wieder erneuerten Ichweißnichtwas rücken schwarze Heerhaufen gegen mich vor und lassen vom inneren Gesichtsfeld nur einen ganz kleinen Spalt offen, der mich vor völliger Dunkelheit bewahrt. Jedoch über das bereits verbreitete Schwarz legt sich manchmal ein neues Schwarz, ein Schwarz-Schwarz, ein Rekordschwarz, ein Knochenbrandschwarz, das, nicht damit zufrieden, das Feld zu bedecken, sich mit höchster Geschwindigkeit daran macht, den Spalt zu erobern: diesem naht also das Schicksal, geschlossen zu werden, doch da, neuer Aspekt des Dramas (der wohl ganz auf dasselbe hinausläuft), da kommen auf einmal die bedrohlichen schwarzen Punkte nicht mehr von den Außenrändern zum Zentrum hereingejagt, sondern aus dem Zentrum und aus der Tiefe des Auges selbst beginnen Millionen schwarze Tröpfchen düster aufzutauchen und abzuspringen, hochzuschießen und Geysire zu bilden. Aus meinem Auge? Aus dem Zentrum meiner inneren Schau? Wie ist das möglich? Schlimmes Zeichen, soviel ist sicher, mehr als schlimmes Zeichen, und ich wage es nicht, nachzuprüfen, ob ich blind bin, ich möchte lieber noch eine Hoffnung behalten. Erst als die Unruhe immer größer wird, wende ich endlich die Augen zum Fenster und öffne sie. Es muß schon ziemlich spät sein, aber ein Rest von Helligkeit dieses Winternachmittags, ein elender, aber genügender Rest, bezeugt mir: »Nein, nein, du siehst, du bist noch nicht blind, du siehst zum mindesten noch ein wenig.«

Seltsam, diese leichten Farben sollten mich eigentlich entspannen, mich stärken, aber nein, ich achte sie für nichts und kann nicht dabei bleiben, sie zu betrachten. Eine Faszinationskraft läßt mich die Augen davon abwenden und zwingt mich, sie zu schließen und in mich hineinzusehen, denn ich weiß, daß da drin seltsame Bilder zirkulieren, die ich nicht vorbeigehen lassen darf, ohne von ihnen Kenntnis zu nehmen. Der Schlacht, die mich vernichten kann, der Verdunkelungsschlacht, muß ich beiwohnen. Mit wieder geschlossenen Augen tauche ich sofort in den düsteren Schlund hinab. Die Blindheit, von der ich mich jetzt verschont weiß, ist übrigens nicht alles. Ich könnte mir auch ein anderes Gebrechen geholt haben: nur noch schwarzer Gesichtsvorstellungen fähig zu sein.

Ebensowenig darf ich mich bei irgendeinem Gedanken aufhalten, der Gesichtsvorstellungen auslösen könnte. Denn kaum ist der Gedanke illustriert, kaum hat das Bild sich gestaltet, ist es sofort mit Schwarz bedeckt. Das Schwarz besetzt es wie ein ihm gebührendes Gelände.

Doppelt ist immer die Bewegung: vom Ende der Welt gegen mich, gegen das Zentrum meiner Vision, dann vom Zentrum meiner Vision gegen die äußersten Ränder der Welt (oder wenn man

Entsetzlich, daß es solche Entfernungen geben kann

will, zur Pheripherie meines Gesichtsfeldes), und diese zweite Bewegung tritt auffälliger in Erscheinung und ist auch, wenn man es recht bedenkt, außergewöhnlicher.

Das Schwarze, das vom Zentrum meiner Bildfläche ausgegangen ist, strebt zu den Rändern. Es müßte sie erreichen und zwar sehr bald, aber es kommt nicht vollständig hin, ein kleines bißchen fehlt daran. Niemals gelingt es ihm, die Arena meiner Schau vollständig zu erfüllen. Das ist sonderbar und erzeugt mein Problem (denn ich darf nicht untätig bleiben): immer mehr Raum zu schaffen. Wird es mir gelingen, ihn jedesmal um soviel zu erweitern wie es nötig ist? Oder werde ich in einem bestimmten Zeitpunkt zu wenig Raum haben? Ich verbrauche so viel davon, das darf ich nicht vergessen, und so schnell, und dies ist unvermeidlich. Die

Schwarze Wellen

Kadenz der schwarzen Wellen ist fürchterlich, aber auch meine Kadenz der Raumerweiterungen ist fürchterlich und setzt mich selbst in Erstaunen. Die

Raum schaffen in Höchstgeschwindigkeit immer mehr Raum

schwarzen Punkte sind eine Welt. Meine Räume sind eine Welt. Nie gab es einen solchen Kampf. Momentweise kommt mir der Verdacht, daß dieser oder jener meiner Räume gar nicht unermeßlich sein könnte, sondern klein; jedoch sobald ich ihn aufs Korn nehme, ist er wie der

durchs Fernrohr gesehene Sternhaufen eines Spiralnebels, und man kann kein Ende finden.
Der sehr ungefähre Schimmer im Fenster hat sich jetzt noch abgeschwächt, ohne jedoch ganz verschwunden zu sein. Doch selbst in dieser Verminderung stört er mich, wenn es mir geschieht, daß ich die Augen öffne. Ohne Zögern kehre ich zu meiner Nacht zurück, kohlrabenschwarze Nacht, ohne Unterbrechung (abgesehen von dem gewohnten schmalen Spalt), ohne Zonen geringerer Schwärze, ein wahrhaftes Kondensat von Nacht, oder vielmehr: psychische, das heißt absolute Nacht. Die Nacht der Blinden, sage ich mir, um mich zu trösten, kann nicht so sein. Was wußte ich davon? Und wer sagt mir, daß meine eigene Blindheit nicht eben schwarz, vollständig schwarz sein wird? Diese hier war aber darüber hinaus aktiv schwarz, durch beständige Verstärkungen der schwarzen Elemente. Niemals wird es mir gelingen, zu sagen, wieso eigentlich dieses Schwarz schwärzer war als alles, hermetisch dichtes Schwarz, und vor allem beständig neue Schwärze erzeugend, beständig mit neuen Zügen von Schwarz aufgeladen.

dieses psychische Schwarz

Ich war schrecklich bestürzt, nicht nur über diesen Verdunkelungsmechanismus, der mich umfangen hielt, nicht nur über diese unaufhörlichen neuen Einströme von schwarzen Wellen (alle Maximalsättigungsgrade unbegrenzt überschreitend), sondern ebenso sehr über den Eindruck einer äußerst weit getriebenen Beraubung, unfähig wie ich war, in meinem Gedächtnis die geringste Erinnerung zu finden, wo es eine Spur Farbe gegeben hätte. Was tun? Ich kann nichts daran ändern.

Ich bin müde. Immer diese Zuströme von Schwarz, vielleicht seit kurzem weniger rasch wiederholt, weniger erfindungsreich. Ist übrigens diese Müdigkeit nicht das Ende der Furcht, die Ruhe?

Die schwarztragenden Fluten beginnen mir leicht gleichgültig zu werden. Das Meer der Schwärzen hat sich geglättet.

Die Minuten bringen keine neuen Schwarz-Elemente mehr heran, oder nur wenige, und gar keine stürmisch angreifenden mehr. Es vergeht eine Zeit, ehe ich darauf aufmerksam werde, ein anderes gutes Zeichen, sogar ein ausgezeichnetes.

Ich beginne das Interesse zu verlieren.

In manchen Augenblicken durchquert als dünne horizontale Linie ein sehr, sehr langes Gespann die unermeßliche Steppe meiner Vision.

Die innere Beruhigung beginnt, sie ist schon gekommen. Ich mache Licht im Zimmer, aber ich liebe nicht, was sich

Ach diese Farben!

meinen Blicken bietet, die Gegenstände, die Möbel, die farbigen Flächen. Die exzessive Mannigfaltigkeit von Farben und Tönen erscheint so gewöhnlich, verächtlich, geschmacklos, gar nicht zu rechtfertigen, dumm und unwürdig, in den Augen dieses Asketen des Schwarz, der ich war, der ich noch bin, und der sich davon unausdrückbar beengt fühlt.

Rückkehr zur abscheulichen Vielfalt der Farben

Ich ziehe es vor, zu meiner schwarzen Vision zurückzukehren, die sehr reduziert ist, gewiß, und sich noch immer mehr reduziert, aber die mich wenigstens nicht mit einem Regen von farbigen Noten zerstreut, nicht operettenhafte Unterhaltung sucht, rein ist von dieser lächerlichen Springerei der Farben über- und miteinander. Das Unzählige wird zum Endlichen werden, ist schon endlich geworden.

. . .

Nur hin und wieder zieht ein einziger schwarzer Faden noch langsam mitten durch mein Gesichtsfeld, als letzte und unnötige Botschaft. Es ist vorbei. Ich bin nicht blind. Das schwarze Drama hat aufgehört.

. . .

Es gibt wiederkehrende Visionen. Dies sind die am meisten geschätzten. Man weiß, daß kein Risiko mehr besteht. Aber sie haben ihr Unendliches oft eingebüßt

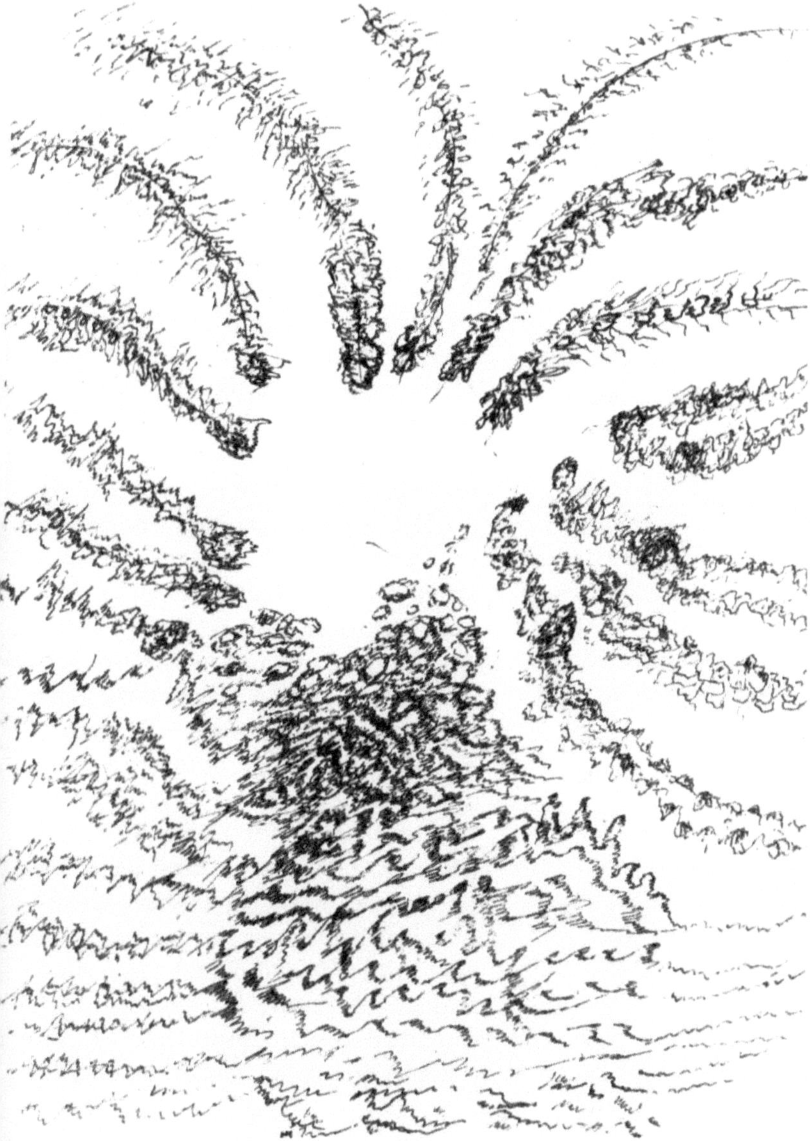

zugunsten von beinahe normalen Bildern, die man schon so gut kennt, daß man sich nichts mehr daraus macht. Nun, man kann es hervorrufen. Wenn man überhaupt noch wahrer Visionen fähig ist. Darüber gibt es kaum Irrtümer. Aber man muß doch richtig hinsehen.

Sein Verlangen seine Erwartung einer Vision auf den kleinstmöglichen Raum konzentrieren

Folgendermaßen ging ich vor: Ich tat geistig, mit geschlossenen Augen, so als ob ich in mir, und doch vor mir, »hinter meiner Stirn«, eine kleine Fläche beobachten wollte, sagen wir, ein Quadratzentimeter groß, und bald, diese sich selbst überlassend, eine noch kleinere, etwa ein Quadratmillimeter. Was übrig bleibt, ist nicht mehr nötig. Und ich »zielte«.

Das winzig Kleine vertieft sich ins Unendliche

Dann vertiefte sich das Quadrat, vertiefte sich, Welten erschienen darin, neue Welten in diesen erschienen, die sich wieder in andern noch größern und noch weiter zurückgewichenen Welten vertieften.

Vor allem nichts im großen Format machen wollen. Das Große ist der Todfeind der Unendlichkeit. Je kleiner die Oberfläche ist, die du betrachtest, desto leichter wird die unendliche Fragmentarisierung hineinzubringen sein. Der Raum wird sich brechen, in Punkte, in immer zahlreichere Punkte, ihre immer fortschreitende Teilung wird sie ins Phantastische vermehren, die Teilbarkeit

findet keine Grenzen mehr: du hast es erreicht. So findet man den Rückweg ins Unendliche.
In einer gegebenen Figur ein ganz kleiner Raum, der sich ins Unendliche zu vertiefen beginnt.

Die beste Dosis, die einem Menschen von mittlerem Gewicht zu ausgeprägten visuellen Wirkungen verhilft, scheint ungefähr um 0,1 g herum zu liegen.
Über 0,5 bis zu 0,9 g verschwinden sie merkwürdigerweise, und in ihre Stelle tritt eine Hetzjagd im Geistigen und bis in den Wahnsinn hinein, wie ich es eines Tages erlebt habe. Mischung aus heftiger Manie und Schizophrenie.
Von 140 Kranken, die von Doktor Wilhelm nach Dosierungen von 0,7 oder darüber untersucht wurden, kannten nur ein halbes Dutzend farbige Visionen, und auch die ohne großen Umfang.
Der Bericht von Professor Slotkin, Universität Chikago, führt nach Einnahme von Peyotl keinen einzigen ausgesprochenen Fall (mit Ausnahme seines eigenen) an. Ebenso merkt Carl Helmholtz, der die Huichols auf ihrer Pilgerschaft zum Peyotl begleitete, nur recht mäßige Wirkungen an.
In meiner zweiten Versuchsreihe, von der das vorliegende Buch handelt, habe ich äußerst schwache Dosierungen, von 0,03 oder 0,04 bis zu 0,3 g, angewendet.
Aufmerksamkeit und Entkrampfung sind wichtiger als die eingenommenen Quantitäten.

Versuch 2

Um den Versuch mit mehr Ruhe zu unternehmen, fahre ich, nachdem ich eine Tablette Gardenal genommen habe, nach dem Vorort M.; dort besitzt einer meiner Freunde ein Landhaus; eine Garage gehört dazu, ich ich mir früher einmal als Studio eingerichtet hatte, wo noch mein Diwan steht und die mir heute wieder einmal Zuflucht bieten soll. Aber ein Wagen ist darin abgestellt . . . der nicht benutzt wird.

Im Garten, eine halbe Stunde lang, Entspannung. Dann nehme ich den größten Teil einer Ampulle von 0,1 Gramm. Es ist 11 Uhr 30.

Ziffern: erschreckend, hämmernd, spannungschaffend

Zehn vor zwölf. Ich spüre nichts, doch ich weiß schon, daß die Kennziffern auf dem Rückschild des Autos mir unangenehm, erschreckend, unerträglich sein werden. Die dicken Polizeizahlen werden mir mit ihrem gebieterischen, brutalen Aussehen wehtun, und vielleicht hämmern sie schon jetzt auf mich ein.
Eilig verberge ich sie mit belaubten Zweigen und Farnkrautstauden, die ich draußen abreiße.
Nachdem das getan ist, stellt sich heraus, daß der Wagen selbst mir übertrieben,

unmenschlich massiv erscheint, widernatürlich, ein richtiger erloschener Vulkan. Ich bedecke ihn ebenfalls, so gut ich kann, mit Gezweig.

Warum habe ich soviele Pflanzen hereingebracht? Vielleicht weil sie immer ein Geheimnis und eine tiefe Harmonie behalten, während die Möbel, die Werkzeuge, das Automobil, so wie ich sie sehe, eine Art grobschlächtige Amputierte sind, stumpfsinnige Wesen, die ihren beschränkten, maniakalischen Ehrgeiz zur Schau tragen, eine unangenehme Gesellschaft von Krüppeln.

. . .

12 Uhr 15
Rest
der Ampulle

Ich fühle – wie soll ich es sagen – etwas wie einen Druck des Sonderbaren.

. . .

sich erinnern
die Seltsamkeit
geht immer den
Visionen voraus

sporadische
Unempfindlichkeit

Die neue Norm
ist auf dem Wege
sich herauszubilden

Sich erinnern: jedesmal geht die Seltsamkeit den Visionen voraus. Sehr ungefähre Spuren von Empfindungen modifizieren mein Verhältnis zur Welt, das anders erlebt wird. Man befindet sich in einer inneren Metamorphose. Man steuert, aber nicht gleich in einem Stück, dem Überzustand entgegen. Wenn dieser erst einmal hergestellt ist, hört die erste Seltsamkeit auf, ersetzt durch den Eindruck einer *andern* Welt, während man vor der vollständigen Beanspruchung durch das Meskalin sich *zwischen* zwei Welten befindet.

Unvollständig gemausert, befinde ich mich also zunächst im Zustand einer unausgeglichenen Seltsamkeit, so unentschieden, springend und wechselnd wie Bachstelzenspuren, die im Zickzack über den Sand eines Strandes hinlaufen. Unter den Bildern, die ich betrachte, finde ich keines, das sich im allermindesten mit diesem Gefühl des Sonderbaren in Einklang bringen ließe (außer vielleicht ein wenig ein Bild von Konrad Witz), schon gar nicht die religiöse Malerei, und gar nicht die Photographien fremder Länder, seien es auch noch so fremde. Das Sonderbare nimmt zu, aber immer noch ohne Einheitlichkeit. Letzten Endes kommt das Sonderbare daher, daß es noch nicht genug Sonderbares in mir gibt.

Gefühl des Sonderbaren
Das Exotische nicht sonderbar in der Art dieser Sonderbarkeit

Das Sonderbare nimmt zu

...

Sehen wir mal Photos durch. Zum erstenmal sicherlich sehe ich die beiden großen Augen, die auf die Türme der nepalesischen Tempel gemalt sind, so wie die Gläubigen sie zweifellos erblicken, das heißt, indem ich mich »angeblickt« fühle.

Das gleiche Ergebnis, wenn auch geringeren Grades, mit anderen Photos von Statuen oder Männerbildnissen. So als handhabte jemand in mir einen Regulierwiderstand, um mehr oder weniger

Strom, mehr oder weniger von meiner Abwehr durchzulassen. Bald mehr, bald weniger die blickende Kraft der Photographie durchlassend.

die Dusche der Blicke fällt über mich

Die strahlenden Blicke (von Leuten, die kerngesund sind) tun mir weh wie eine zu scharfe Dusche. Ich möchte die Last ihrer Blicke ablegen können, die übrigens weder besonders forschend noch mißbilligend noch böse sind. Was mich stört, ist, daß ich dem Druck eines normalen Blickes nicht mehr standhalten kann, und daraus verstehe ich plötzlich auf eine neue Weise die Notwendigkeit, wenn man sich schwach fühlt, wenn man krank ist, sanfte und gleichsam biegsame Pflegerinnen zu haben ...
Hier versinkt eine Überlegung, ohne ein Ende gefunden zu haben, im Schlamm von vielfältigen überraschenden Schwierigkeiten.

...

Ich nehme ein wenig Meskalinpulver schätzungsweise 0,1 oder 0,2?

G., die Frau meines Freundes, kommt fragen, ob ich irgendetwas brauche, und teilt mir mit, daß sie diesen Nachmittag im Landhaus bleiben wird. »Nicht der Mühe wert«, sage ich und lache, und ich füge hinzu, mit dem Gardenal hätte ich mich so schön beruhigt, daß ohne Zweifel überhaupt nichts passieren werde. So käme es, wenn man zu vorsichtig sei.

Plötzlich mitten im Lachen höre ich in meinem Lachen das Lachen Supervielles, und zwar aus meinem Innern heraus, wie durch die Schädelknochen hindurch, oder noch tiefer drinnen, und sonderbar akzentuiert, höre ich also das Lachen von Jules Supervielle, das vollständig an die Stelle meines eigenen Lachens getreten ist.

Der Rhythmus, die Abfolge der Entladungen dieses Lachens waren so sehr Supervielle, daß die Assimilierung vollständig war. Ich habe schon gesagt, im Überzustand gibt es keinen Vergleich, der Vergleich wird nicht als solcher wahrgenommen. Entweder ist der Begriff des Vergleiches absolut unvollziehbar, unwahrnehmbar, entwertet, oder er verschlingt seinen Gegenstand und rafft ihn vollständig hinweg. Man denke etwa an eine unmittelbare Phagozythose.

In dem »Dies«, das wie »Jenes« ist, gibt es kein »Wie« mehr, und »Dieses« verschwindet in »Jenem«, das einzig bestehen bleibt, oder auch *Jenes* geht vollständig in *Dieses* ein, und verschwindet darin, ohne je irgendwann wahrgenommen worden zu sein[1]. Die Assimilierung war also (für mich) so vollständig, sein

1. Was normalerweise ein Vergleich gewesen wäre, hier war es totale Assimilierung. Ich hätte denken können: »Sieh an, eben habe ich so

Lachen hatte so völlig das meine aufgeschluckt, daß ich mich fragte, wie G. das ertrug. Oder hatte sie etwa Furcht, mir das Unbehagen zu zeigen, daß ihr mein Zustand und diese seltsame Vertauschung verursachten, Furcht, mir noch mehr wehzutun, wenn sie sich beunruhigt zeigte?
Dennoch hörte ich nicht gleich auf zu lachen, zweifellos fasziniert durch meine außergewöhnliche Superviellisierung. Mir schien, wenn Françoise und Denise (die Töchter) hiergewesen wären, dann hätten sie sich gefürchtet, denn diese unerklärliche Gegenwart hätten sie für ein Phänomen der Besessenheit und für etwas beinahe Diabolisches und Tückisches halten müssen.

...

Karussell beginnt

Ich fange an, in eine Art drehendes Karussell hineingerissen zu werden. Ich halte mich ohne große Übelstände darin auf. Ich wohne darin.

ähnlich gelacht wie Supervielle.« Der Vergleich ist nicht immer Aufsuchen einer Entsprechung, sondern oft eher ein Mittel, ein Bild *in Distanz zu halten* (vernünftig – ihm einen vernünftigen und schönen Platz einräumend), das als Ganzes gekommen ist, ohne Vorwarnung, ununterdrückbar, ohne zu »erklären«, und dessen Beziehung man nicht immer selbst sieht. Dann sagt man fälschlich »in gewisser Beziehung« oder »das läßt mich denken an« oder »das ist wie«.

. . .

Ich sehe immer noch nichts, und das ärgert mich, denn was mich interessieren würde, sind die Visionen.

Spritzer von Weiß

1 Uhr 15. Spritzer von kreidigem Weiß.

. . .

Von allen Seiten schießen gewissermaßen weiße Quellen herauf.

Bin voll und ganz vom Atem des Meskalins getragen.

Weiße Laken, weiße Laken, wallend und taumelerregend geschwenkt. So, als wäre ich in ein neues Vaterland eingetreten, wo statt der Trikolore, statt aller Farben, statt alles andern, in irrer Anzahl nur das einzige Weiß, Diamantweiß, gehißt wird, seltsames neues Vaterland, wo man es jeder andern Beschäftigung

das Vaterland des Diamantweiß

vorzieht, weiße Leintücher aufzustecken und flattern zu lassen, in einem delirierenden Fest, das nicht aufhört.

. . .

Ich schwimme in den extremsten Superlativen, die ich jedoch zu formulieren

Schaudern

ablehne, so sehr verabscheue ich das von Natur aus.

. . .

Jetzt ist es, als käme ich per Bahn in eine Stadt, in der man einen andern Körper eintauscht (vollständig, durch Transsubstantiation).

. . .

Aufreizung. Ich erliege einer kunstvollen Aufreizung, so als wäre ich im Innern genötigt, geistig mit der Geschwindigkeit einer Vibration zu blinzeln.

. . .

Stumpfsinnig, absurd, ungeheuerlich. Ich hätte doch nicht nochmals Meskalin nehmen sollen. Denn vor einer kleinen Weile habe ich noch ein wenig genommen. Wann ist das gewesen? Wenn ich wenigstens noch Farben sähe, nicht immer nur dieses blendende Weiß, Weiß, Weiß!

Friktion
durch das Weiß
Heimliches
Plätschern
des Weiß
In dem
Sturm des Weiß
Herausfinden
wie hier
herausfinden?
weiß
weiß

So als sagte jede Sekunde: »Soweit die Blicke reichen«, »soweit die Blicke reichen«. Heimliches Plätschern des Weiß. Ich muß irgendetwas tun, bevor dieses Weiß meinen Willen und meine Entschlußmöglichkeiten vollständig zerhackt. Ich muß irgendetwas tun, aber was? Dieses Weiß ist exzessiv, dieses Weiß macht mich verrückt, ich sehe keinerlei Form darin. Ich nehme eine weitere Nicobiontablette (als Gegengift) und Zucker, und noch mehr Zucker in der gleichen Absicht. Dieses Weiß kenne ich schließlich auswendig. Warum leiden für Bekanntes, für Wiederholungen? Ich nehme nochmals Nicobion, aber wieviel Zeit wird es brauchen, um zu wirken – wenn es überhaupt wirkt?

. . .
weiß
in Wildbächen
das mich nicht
mehr losläßt

Einmal herausgeschleudert, welche Widerstandskraft hat dieses Weiß! Das Weiß läßt mich nicht in Ruhe. Das Weiß ist immer im Vordergrund. Das Weiß wächst von allen Seiten. Ich kann nichts mehr zwischen das Weiß und mich stellen. Soll ich nochmals Nicobion nehmen? (Die Heilmittel sind oft schlimmer als die Krankheit, obgleich dieses harmlos scheint.) Ja oder nein? *Mein Zaudern ist weiß*. Das ist unerhört. Das ist nicht ein bloßes Wort, eine Halbwahrheit, es ist einfach so, mein Zaudern ist vollständig weiß, so weiß wie meine Feststellung, daß mein Zaudern weiß ist. Das Weiß überzieht jeden Gedanken mit Weiß. Ich mache mehr Weiß als irgendetwas anderes. Das Weiß bedeckt alles. Zehn Tupfen Weiß kommen auf einen Tupfen Überlegung. Meine Überlegungen, mit weißer Milch übergossen, ernst, wenn auch nicht schmerzhaft, in weiße Metren gefaßt, – machen mir ein Grausen – ein weißes Grausen. Ich will nicht mehr. Ich sehne mich nach einem Wort, das nicht gleich weiß würde, das nicht Weiß »annähme«. Aber das Weiß hat sich in unwahrscheinlicher Weise festgeklammert, es übersetzt jeden Gedanken in seine Partituren, erfaßt jeden Gedanken mit seinen Geschoßgarben.

. . .
weiß
das dableibt,
aus dem ich
nicht
»wiederkomme«

. . .
das Weiß
überzieht
mein Denken
mit Weiß

. . .
Was tun?
Sogar mein Zaudern
ist weiß
die Worte
werden weiß

Ich nehme wieder Zucker und nochmals

Nicobion. (Seit einer Weile habe ich davon nehmen müssen, ohne zu zählen.) Ich muß dem Weiß Halt gebieten. Ich will kein Weiß mehr wehen lassen. Ich will nicht mehr vom Weiß angeschrieen werden, will aufhören ein unerträgliches Bedürfnis zu haben (um mich wenigstens auf diese Weise zu befreien), »weiß! weiß! weiß!« zu schreien.

Migräne von Weiß

Das weiße Hämmern geht weiter. Es gelingt mir nicht mehr, die ununterbrochenen weißen Bewürfe wegzuschaffen, die sich über alle mir in den Sinn kommenden Worte werfen, ja in gewisser Weise sogar über alles, was ich erblicke und über meine ganze Situation sogar in dieser doch ausgesprochen gelben Garage, eine weiße, weiße, weiße Situation, aus erzwungener Gleichschaltung jedes geistigen Phänomens in mir mit diesem unaufhörlich anklopfenden, sich in Erinnerung rufenden, bewußtbleibenden Weiß.

Gleichschaltung von Empfindung und Gedanken

. . .

Was mich so ermüdet und mir das Ganze zu einer Tortur macht, ist die Tatsache, daß ich es nicht hinnehme. Ich finde mich nicht ab mit diesem Weiß. Ich will diese Flagge nicht.

. . .

Und jetzt? Habe ich Visionen oder nicht?

Ich sehe, nein, ich sehe nicht.
Doch, das sind Visionen. Nein, es sind Verwehungen von Visionen, krampfartige Versuche zu Visionen. Es ist wie wenn an einem gotischen Kathedralenportal hundert wenig voneinander unterschiedene Heiligenstatuen, von weitem gesehen, in jeder halben Sekunde ihre Nischen vertauschten, eine mit der andern, aber so schnell, daß sie schon in der Nische der anderen stünden, ohne daß man ihren Übertritt bemerkt hätte, sondern nur das Ergebnis des Platztausches, der sich übrigens sogleich wieder in umgekehrter Richtung vollziehen wird, sogleich wieder und ohne Ende.
Hundert mit hundert fast gleichen vertauscht. Das mehrmals in jeder Sekunde. Unerträglich, unerträglich. (Etwas Demütigendes liegt auch darin, mit dieser unmenschlichen Geschwindigkeit behandelt zu werden, auf die man nicht vorbereitet war; so daß man sich wie ein Schüler vorkommt, der durchs Examen fällt.)

...

1 Uhr 45. Ich nehme Verikardin. Ich werde dumm (betäubt) und, wenn auch aufgeregt, beinahe schläfrig, erstaunlicher Widerspruch.
Nein entschieden, wie Y. sagt, »das

Meskalin ist nicht der Freund des Menschen«, und mir ist es völlig über den Kopf gewachsen. Ein drehender Kreisel, der mich nichts mehr lehrt. Ich stehe auf, öffne die Tür und gehe auf das Landhaus zu, denn ich kann nicht mehr allein sein. (Furcht, »verloren« zu sein?) Da meine Meskalin-Erregung wieder einmal schlecht angelegt ist, werde ich dort zwei Stunden mit G. verplaudern und dabei in herumtastenden Annäherungen des Ausdrucks die innere Beobachtung vergeuden, in die ich mich hätte zurückziehen müssen, wenn ich es noch gekonnt hätte. Ich habe den Weg verloren. Allerdings habe ich noch gar nicht begonnen zu sprechen, aber einzig und allein weil ich mich zurückhalte, mein Steuer ist schon darauf gerichtet. Ich bin vom »Weg nach Innen« abgewichen. Alles, was selten ist, verliert 90 % in der Sprache.

Während ich angefangen habe, soviel ich kann zu trinken, Wasser, Lindenblütenaufguß und gezuckerten Tee, hat die alte Hündin, die am Fuß des Diwans ruht (sie ist alt, ihr Geruchssinn hat sehr nachgelassen, ihre Augen, deren sie sich so gut wie möglich bedient, müssen ihr den verlorenen Spürsinn ersetzen, und das gibt ihr ein menschliches Aussehen, das Aussehen einer alten Frau), nach-

dem sie mich mehrmals mit einem tiefen, fragenden Ausdruck angesehen hat (nie hat sie mich so zappelig gesehen: aufstehend, mich niedersetzend, mir zum Trinken eingießend, mich niederlegend, wieder aufstehend), ihren Kopf wieder zwischen ihre Pfoten gelegt.
Was denn, das wird nichts Ernstliches sein, aber wie gern wüßte ich, was *sie* an mir wahrgenommen hat.

...

Aufregung.

...

Knirschen

Zerbrechen
Zerbrechen

Knirschen, Knirschen (weshalb manche Alkoholiker Ratten sehen, die gar nicht da sind: dieser Eindruck des Knirschens postuliert die Ratte, und dann erscheint sie eben in den Ritzen der Diele und klettert in die Hosenbeine).

...

Abwesenheiten

Ich bin abwesend, immer wieder abwesend.

...

Wenn jemand spricht, G. oder sogar ich selbst, ist es jedesmal die gleiche Überraschung. So stark ist die Sprache, so abseits von allem.

...

Wachsende Irrealität.

...

Nochmals mehrere Tabletten genommen. Immer herumzappeln.

Licht

Weiß dröhnt
in meinem Kopf

Das zerissene Wesen, in Fetzen, sucht vergebens die seelische Flickstelle.
Das Licht dröhnt in meinem Kopf.
Mit dem Dröhnen eines Flugzeugs, dessen vier Propeller in Höchstgeschwindigkeit umschwingen, dröhnt das Licht in meinem Kopf, der nicht mehr aushalten kann, der dennoch aushalten muß.

. . .

Noch zwei Nicobion. Ich möchte ans Ende kommen. Wieviel hundert Male habe ich schon gewünscht am Ende zu sein, am Ende der Quälerei, am Ende.
Ich fühle mich, als wäre mein Wesen, oder doch ein wichtiger Teil meines Wesens, durch Zauberei auf eine Stimmgabel gelegt, die man vibrieren ließe und deren vielfältige verfluchte Hin- und Herbewegungen ich verurteilt wäre in ihrer unglaublichen Beschleunigung einzeln zu verfolgen.
Quälerei.
Ich werde entschieden empfindlicher.
Hätte dies nicht ganz entgegengesetzt ablaufen sollen?

. . .

Ich habe die ganze Zeit sprechen müssen.

. . .

4 Uhr. Noch eine Nicobion. Ein Durst beginnt, wie ich ihn noch nie kennengelernt habe, der mich fünfzehn bis zwanzig Glas Wasser trinken lassen wird.

Große Frostschauer zwingen mich eilig nach Decken zu suchen um mich zuzudecken. Gleichgültig vor meinem Widerstand und meinen Gegengiften, setzt also das Meskalin unbeirrbar seinen Weg fort, und es erreicht seinen Höhepunkt nach viereinhalb Stunden, und es endet erst nach acht Stunden, ganz so als hätte ich keinerlei Abwehr angewandt.

. . .

Sturmstöße
Sturmstöße

Sturmstöße, kleine Sturmstöße von einem violetten Weiß.
Ich lasse mich nicht hinreißen.
Lauft allein weiter, ihr fallt mir auf die Nerven.

. . .

Gebrochen, gebrochen.
Ist dies eine Vervollkommnung? Ich habe diesmal sprechen können, eine Unterhaltung führen können über das, was ich sah und als Phänomen beobachtete. Aber um welchen Preis! Nur durch Abzug von der Aufmerksamkeit, die viel besser bei den Visionen angewendet gewesen wäre. Beim Sprechen stahl ich mir mein Meskalin. Ich entzog mich ihm.

Schnelligkeit

Man existiert in unendlich vielen aufeinanderfolgenden Gegenwarten. Unerhörte Aufeinanderfolge, und schon sind seit dieser Überlegung eine Menge Momente vergangen und fahren fort zu vergehen,

Der Nachmittag der dreißigtausend Abwesenheiten
Flimmern von Abwesenheiten

und noch viel mehr in den zwei oder drei Minuten, seit ich nicht mehr das Wort an G. gerichtet habe, die dieses Schweigen merkwürdig finden wird. (Immer meine Furcht, sie zu beunruhigen.) Es muß verhindert werden, daß sie einen Arzt holen geht.

. . .

Punktförmig. Raum aus Punkten. Zeit aus Punkten. Die Meskalinwirkung wird beendet sein, wenn das Punktförmige vorüber sein wird.

. . .

Die Hündin hebt nochmals den Kopf zu mir.

Eine Pause
wie soll man
eine Pause finden?

Sonderbarkeit des Schweigens. Eine Pause, wie soll man eine Pause finden in meinem ganzen wimmelnden Weltall, wo es keine gibt, wo es nicht einmal die Oase einer einzigen vollen Sekunde gibt?

Ich spreche zuviel, aber es ist nur, um G. zu beruhigen, die sichtlich besorgt ist (später hat sie mir gesagt, ich hätte die wächserne Gesichtshaut eines Sterbenden gehabt). Dies nötigt mich, von meinem Überzustand abwesend zu sein. Was sie nachher meine Augenblicke der Gegenwärtigkeit nennen wird (also der äußeren Aufmerksamkeit), das würde ich gerade meine Abwesenheit nennen. Darum erinnere ich mich beinahe an nichts, weil

ich mich mitgeteilt habe, weil die heikelsten Umwandlungen, die mir im Schweigen nicht entgangen wären, wenn ich allein auf das eigentliche Meskalin-Phänomen achtgegeben hätte, der Ablenkung zum Opfer fielen, durch die Handhabung der Sprache und durch das soziale Element des Gesprächs, denn das Meskalin ist ganz und gar außersozial.
5 Uhr 45. G. läßt mich allein. Sie kann mich eine Zeitlang alleinlassen. Sie soll nur mit ruhigem Gewissen gehen, wieder einmal habe ich mich aus der Schlinge gezogen.

...

Noch nicht zu Ende, nein, nein.
Eben noch war G. neben mir, ich sprach, sie hörte mir zu. Und doch wußte sie nichts von diesem fürchterlichen Schwungrad in mir, das die kontradiktorischen Vibrationen der weißen Elemente und meiner Gedanken begleitete.
Oft fragte ich nach der Uhrzeit. Was ihr als ernstestes Zeichen meines Zustandes erschien, war das beste: meine Eile, normal zu werden, meine Gier, die Droge zu überwinden. Aber die Gegenwart von G. gab mir eine relative Sicherheit. Sollte es ganz und gar schlimm kommen, würde sie eingreifen (?).

Noch immer bewege ich mich mit einer Geschwindigkeit von Hunderten von Momenten in der Minute

6 Uhr. Eine spürbare Besserung. Eine

relative, aber sichere Verlangsamung.
Noch immer bewege ich mich vorwärts mit der Geschwindigkeit von Hunderten von (bewußten) Momenten in der Minute. Aufeinanderfolge von Bildern noch immer unmöglich zu notieren. Wenn man eines aufzeichnen möchte, hat man schon fünfzehn oder zwanzig versäumt.

...

Diesmal habe ich mehr gelitten, weil ich der Bewegung nicht folgen wollte,
weil ich unaufhörlich daran dachte (und das mit einer außergewöhnlichen Geschwindigkeit, einer meskalinischen Geschwindigkeit), mich den meskalinischen Bewegungen zu entreißen.
Die unerträgliche Geschwindigkeit, die ich in den Bilderbewegungen abgelehnt hatte, verlegte sich (Ironie!) in meine Weigerungen, dabei zu sein, in meine Abwehrbewegungen, die sich vergebens ins Unendliche wiederholten, toll, mit einem Wort: meskalinisch.

...

Ich bin einer, der nach Gesundheit giert. Das bin ich. Das ist die Wahrheit, der ich ins Gesicht sehen muß. Ich werde mich nicht mehr ändern können.

...

Eine Art von Bilder-Anfängen, ich habe viele gehabt, die nur danach verlangten, Bilder zu werden, akzeptiert zu werden, als Bilder anerkannt, aber ich akzeptierte sie nicht. Ich stieß immer wieder alle diese idiotischen Rummelplatzversuchungen zurück. Der Kampf gegen die Versuchungen ermüdete mich ebenso wie der Kampf gegen das Meskalin.

Der Mensch des »Zum erstenmal« sperrt sich gegen die Wiederholung so als wenn nach einer Überraschung (gegen eine ebensolche Überraschung) geistige Antikörper hergestellt würden

Im Experiment I spielt die Furcht eine Rolle, daß der Wahnsinn auftreten könnte wie im vorhergehenden (dem IV. aus *Misérable Miracle*). Das war vorauszusehen. In II, also in diesem gegenwärtig beschriebenen, besteht die Furcht zwar noch immer, aber vermindert. Ich bemerke in mir einen sehr starken, beinahe automatischen Mechanismus, der wohl in verschiedenen Graden bei jedem Menschen von Natur aus vorhanden ist, nämlich den Mechanismus der Antiwiederholung. Nicht nur werde ich einzig durch die Überraschung in Erregung versetzt, nicht nur bin ich der Mensch des »Zum ersten Mal«, sondern ich sperre mich geistig gegen die Wiederholung. Ich stelle gewissermaßen geistige Antikörper her, so als würde sogar das Vergnügen auch das größte nicht ausgenommen, als eine Art Aggression erlitten, und ich bereitete mich im Verborgenen vor, das nächste Mal davor geschützt zu sein. Um wieviel mehr ein Mißvergnügen.

Auch bei diesem sechsten Mal wollte

»man« mich wieder hinreißen, aber ich riß mich los, und zwar so schnell, und so spontan, daß meine Erfahrenheit in der Droge dazugehörte, um darin überhaupt ihre Wirkungen wiederzuerkennen, die ich an der Wurzel abgeschnitten hatte. Die Freude der Überraschung, wenn sie über mich kommt, liegt darin, daß ich dann ohne geistige Antikörper bin, ohne irgendetwas mit bewußter Sorgfalt dagegen Vorbereitetes, wehrlos. Staunend. Die einzigen schönen Augenblicke meines Lebens. Diesmal empfand ich gewiß noch alle Schauer der zahllosen Wellen, die mich zuerst so stark erschreckt hatten, aber anders, aber in zweiter Linie, und ich zerstörte auf geheimnisvolle Art das »Empfinden« dieses abgeschmackten Phänomens, das mir nicht mehr neu genug war.

. . .

Im zweiten Versuch schneller als im ersten, im dritten schneller als im zweiten, im fünften schneller als im vierten, im sechsten schneller als in allen andern, eilte ich dem *Nachher* entgegen. Was ist das Nachher? Es ist eine Unternehmung der Stillegung dieses Motors, der bösartig beschleunigt worden ist. Sie beginnt mit dem Ende der achtstündigen Sitzung – und verstärkt sich in den folgenden Tagen. Sie verfügt über eine Bremskraft, die ich an mir nicht kannte und die man wohl Beherrschung nennen muß. (Oder sollte es der Widerwille gegen durchgehende Pferde sein?)

Versuch 3

Heute morgen, fiebriger Zustand. Etwas Angina, Niedergeschlagenheit und jene Schlaffheit, die einen am Bett kleben läßt, so daß man sich gar nicht denken kann, man wäre fähig, sich aufzuraffen oder auch nur sich aufzurichten. Ist es

0,05 g

nicht töricht, zum Meskalin zu greifen, wenn man so wenig bereit ist, es zu empfangen? Eine Gelegenheit, in Erfahrung zu bringen, ob das Meskalin, wie das Peyotl, heilend wirkt.

. . .

Das Weiß des Himmels im Fenster beginnt noch weißer zu werden, schneeweiß; ein schneidendes Weiß. Dieses armselige Tageslicht von Ende Dezember, das durch das Fenster mit den halb vorgezogenen Vorhängen kommt, wird zu einem blendenden Weiß.

nichts, nichts
Ich spüre
immer noch nichts,
zum Verzweifeln:
nichts

Zwölfeinhalb Uhr. Ich notiere für mich selbst: »Nicht vor vier Uhr wieder etwas davon einnehmen, oder jedenfalls nicht vor drei« – denn das Meskalin (und ich lasse mich immer wieder fangen, habe soeben den Grund dafür begriffen und bin auch gleich lächerlich stolz darauf), das Meskalin schickt zuallererst – als Vorbotin der Erregung – Ungeduld.

Diese fußt auf den Empfindungen des Augenblicks, dem Wunsch, die Wirkungen der Droge rasch zu verspüren, der Erwartung, die immer größer wird, die elektrisch wird, klaffend, verzweifelt, und recht eigentlich unerträglich, während die inneren Augenblicke sich schon beschleunigt, sich schon verdichtet, sich schon vermehrt haben müssen, von einem oder zwei in der Sekunde wahrscheinlich zu fünf oder sechs, später dann bis zum Zwanzigfachen oder mehr. Dieser Zustand also, in exzessiver Weise zu fühlen, daß man noch nichts fühlt, ist, stelle ich fest, ein charakteristisches Zeichen des Meskalins, das Zeichen dafür, daß es seine Arbeit der Beschleunigung und Reizsteigerung begonnen hat.

exzessives Gefühl, daß man noch nichts fühlt, ist Zeichen des Meskalins

. . .

Übelkeit. Weniger plötzlich als sonst, aber wahrer, scheint mir, tiefer.

. . .

Ein Knoten von Silben bildet sich schnell und kraftvoll: *»Aristoklas«*. In einem Augenblick. Ich sehe die Worte, die verschiedenen Bedeutungen, die sich darin verflochten haben. Bemerkenswert, von so weit herkommend und so zahlreich, aber im Augenblick des Bemerktwerdens bereits verloren, unglaublich überholt und niemals wiederzufinden.

. . .

Ich stehe auf und bringe die Kampferlösung, die volle Zuckerschale und die Nicobiontabletten in meine Reichweite.

. . .

Der Angriff der Weißen dauert fort, immer schneller, immer ununterbrochener, immer schärfer zugespitzt.

Fensterseite
Seite des Feindes

Die Fensterseite wird die Seite des Exzesses, die Seite des Feindes, die Seite der Artillerie.

. . .

Die anhaltende Übelkeit bringt mich in eine falsche Lage. Ich lutsche zwei Mandarinen aus. Heute muß ich meiner Leber einen Verbündeten verschaffen.

12 Uhr 45.

Flankenbewegungen

Ich spüre schräge Flankenbewegungen. Ich spüre sie, oder ich folge ihnen. Wie ich zerstreut in einem Buch blättere, bevor ich es einreihe, bleiben im Vorbeistreifen Worte hängen: *»the blind sides«*. Ohne zu wissen noch auch nur wissen zu wollen, worauf sie sich beziehen, hat *»blind«* sich in mir festgesetzt, festgeklebt, wenn es auch absolut keine Erinnerungen weckt (Widerstand gegen die Macht des Vergleichs, die beschwörende Kraft, wie so oft unter Meskalineinfluß oder bevor er sich vollständig entfaltet hat), aber ich weiß, daß dieses Wort ungesund und zu Bösem fähig ist.

. . .

Warten.

Ganz entschieden werde ich jedesmal den gleichen Fehler begehen, nämlich auf Visionen warten, während doch das Meskalin *vor* ihnen und vor allem einen Ozean von Bewegungen erzeugt . . . und auch einen Ozean von Selbstgesprächen. Es ist ganz verrückt, wie voller Selbstgespräche ich bin: Parolen, die ich mir gebe, Überlegungen für mich allein, Ermutigungen, die ich mir überreichlich spende, Pläne für die Zukunft, Kehrtwendungen, Rückblicke und ungeheuer viele kleine Erklärungen, Erläuterungen im Detail, die ich mir unaufhörlich liefere. Jede Viertelminute gebe ich mir im Selbstgespräch eine Auskunft (oder trage mir eine Schlußfolgerung vor). Nicht zum Schreiben bestimmt, nur zur Lenkung meines eigenen Verhaltens. Wie wahr das wäre, ein Theater nur für Selbstgespräche. Gegenwärtig ist es das meine. (Es kommt mir nicht gleich in den Sinn, daß ich vielleicht auch im gewöhnlichen Leben ein solcher »Mann der Monologe« bin, und daß ihre beschleunigte Folge und eine gewisse Verstärkung vielleicht den einzigen Unterschied bilden.)

Selbstgespräche
Selbstgespräche
verrückt
wie voller
Selbstgespräche
ich bin

. . .

Übelkeit.

ungewöhnliche Übelkeit
Gelbsucht für morgen?

Diese Übelkeit macht mir Sorge. Sie ist nicht gewöhnlich. Man brauchte übrigens nicht besonders schlau zu sein, um sie vorherzusehen, denn das Meskalin greift die Leber an, und die meinige war bereits vor dem Beginn in Schwierigkeiten. Man muß ihr helfen. Ich nehme mir wieder Orangen. Mehrere. Jetzt werde ich gleich einen halben Korbvoll vertilgen. Die Empfindung einer drohenden Gelbsucht läßt mich fortwährend die Hände in den Korb stecken.

. . .

Mehr und mehr bin ich mit Weiß besprüht und dann davon durchdrungen. So als wären Schleuderstrahlen, nicht von Wasser, sondern von Licht, und zwar von Licht unter Druck, auf mich gerichtet, um dieses Weiß bis auf den Grund meines Auges dringen zu lassen, meines Sehnervs, meines visuellen Hirnrindenzentrums, durch die Bettücher hindurch, durch das Plaid hindurch, das auf dem Bett und über meinen Kopf ausgebreitet liegt, durch den Büchsenöffner, nein, den Windschirm, nein, das Lendentuch, nein, den Steigbügel, nein, die Schutzbrüstung, nein, den Plattenspieler, nein, die Schanzmauer, nein, die Vorrede, nein, nein, nein (was hat denn dieses verfluchte Wort, daß es nicht kommen will, und ich weiß offenbar keinen Weg mehr zu ihm?), durch den *Kragenschoner* hindurch, der über meinen Augen liegt, *Kragenschoner,* ja, ein einfacher Kragenschoner, da haben wir es, endlich aufgetaucht aus dem Gestrüpp der sinnlosen Wörter. Oft gibt es in der Unterhaltung Wörter, die man nicht findet, wenn man sie auch auf der Zunge hat. Die vollständige Abwesenheit, ohne Anzeichen einer Annäherung, wenn ich so sagen darf, ist hier aber so frappant, daß man an ein unerhörtes Phänomen glauben könnte, ohne Beziehung zu irgendeinem anderen.

. . .

In der Zeitschrift, die ich durchblättere, werden die Bilder der Farbphotographien, so kräftig sie erscheinen, auf einmal »beruhigt« und gleichsam zurückgedrängt durch eine prachtvolle Geräuschgarbe von den Seiten, die ich unachtsamerweise zerknittere; sie ist im Bereich des Gehörs von sehr viel stärkerer Intensität als die Bilder in ihrem visuellen Bereich. Die bisher sehr starken, ja gewaltsamen Farbphotos werden dadurch auf einen bescheidenen Platz verwiesen.

. . .

. . .

. . .

. . .

weißes Flattern
überall
weißes Flattern

... von neuem weißes Flattern, überall weißes Flattern[1].

...

Das nächste Mal werde ich nicht allein bleiben. Ich werde es so einrichten, daß jemand bei mir ist.

...

Wenn ich einen Blick zum Fenster geworfen habe und danach zur Wand blicke, die im Schatten liegt, dann projiziert sich auf diese Wand ein großer weißer und graublauer Kachelbelag, der in dem dunklen Zimmer wie ein Knall wirkt und dann ebenso plötzlich verschwindet, wie er auftrat. Nur seine extreme Intensität macht dieses im übrigen bekannte und gewöhnliche Phänomen zu einem Wunder.

...

Ozeane
aus Licht
über
die Welt hin

Licht, Licht, überall. Wieviele Ozeane aus Licht zittern unbemerkt über die Welt hin.

1. Bedeutungen des Weiß für die verschiedenen Drogen. Dr. Schweitzer berichtet von den Schwarzen des Gabon (Revue metaphysique, 1951): »Man gibt ihnen das Iboga. Wenn sie dann weiße Vögel sehen, werden sie in die Bruderschaft aufgenommen, andernfalls abgewiesen.« – Es muß sich um fliegende Vögel handeln, was einen gewaltigen Unterschied ausmacht. Bei sitzenden Vögeln hätte die Vision den Stil eines Traumes, gewiß den einzigen, den der Erzähler kennt.

. . .

Erschöpfung durch Licht!

. . .

Das Unglaubliche ist geschehen, das was ich seit meiner Kindheit verzweifelt ersehnt habe, das scheinbar Ausgeschlossene, von dem ich gedacht hatte, daß ich für meine Person es niemals sehen würde, das Unerhörte, das Unerreichbare, das Allzuschöne, das Erhabene, mir bisher verboten, hat sich ereignet.

Ich sehe Tausende von Göttern

Ich habe Tausende von Göttern gesehen. Ich habe das überwältigend wunderbare Geschenk empfangen. Mit der ich ohne Glauben bin (ohne den Glauben zu kennen, den ich vielleicht haben könnte), mir sind sie erschienen. Sie waren da, in lebendiger Gegenwart, lebendiger gegenwärtig als irgend etwas, das ich jemals gesehen habe. Und es war unmöglich, und ich wußte es, und doch! Und doch waren sie da, zu Hunderten aufgereiht, immer einer neben dem andern (aber weitere Tausende folgten, kaum wahrnehmbar, und sehr viel mehr als Tausende, eine Unendlichkeit). Da waren sie, diese Gestalten, still, vornehm, in der Luft schwebend kraft einer Levitation, die ganz natürlich erschien, mit sehr leichten Bewegungen, wie von innen her beschwingt, ohne sich von der Stelle zu rüh-

ren. Sie, diese göttlichen Personen, und ich, wir allein waren anwesend.
In einem Gefühl wie Dankbarkeit war ich ihnen ergeben.
Aber schließlich, wird man mir sagen, was glaubte ich eigentlich? Ich antworte: Was hatte ich mit Glauben zu schaffen, *wo sie da waren!* Warum hätte ich diskutieren sollen, wo ich ganz erfüllt war? Sie befanden sich nicht in großer Höhe, aber gerade in der Höhe, die nötig ist, um gesehen zu werden und zugleich Distanz zu wahren und von dem Zeugen ihrer Glorie respektiert zu werden, der ihre unvergleichbare Überlegenheit anerkennt. Sie waren ganz natürlich, so natürlich wie die Sonne am Himmel. Ich rührte mich nicht. Ich brauchte mich nicht zu verneigen. Sie standen hoch genug über mir. Das war wirklich, und es war wie zwischen uns vereinbart, kraft eines präexistierenden Einverständnisses. Ich war voll von ihnen. Ich hatte aufgehört halb leer zu sein. Alles war vollkommen. Es gab nichts mehr zu überlegen, zu erwägen, zu kritisieren. Es gab auch nichts mehr zu vergleichen. Meine Horizontale war jetzt eine Vertikale. Ich existiere in der Höhendimension. Ich hatte nicht umsonst gelebt.
Und was das fremde Aussehen angeht? War es denn nicht gut, daß sie, um sich

Evidenz

mir darzustellen, als Fremde in Erscheinung traten (Symbol ihres unendlichen und unüberbrückbaren Abstands)? Die einzigen Fremden, denen ich auf meinen langen Reisen wirklich zu begegnen gewünscht hätte!

Idole in einer einzigen unermeßlichen Reihe, im gleichen Augenblick

Wenn jemand Einzelheiten will, also: zuerst erschienen sie in einer einzigen unermeßlichen Reihe, im gleichen Augenblick. Danach gab es eine Vielfalt von Reihen, immer eine über die andre erhoben, durch nichts gehalten, obgleich sie ein gewisses Gewicht zu haben schienen. Von unendlich vielen andern gefolgt: so daß ich diesmal – ohne mich über den vermeintlichen Größenwahnsinn zu ärgern – die Geschichte verstehen konnte, die von der Erscheinung der Millionen von Göttern vor dem (endlich erleuchteten) Sakyamuni handelt, Göttern, die zu ihm kamen und ihn rings umgaben.

Warum gleich Millionen, hatte ich sonst immer gedacht, und meine Begeisterung kühlte sich durch diese übertriebene Zahl ab, die ich für ein sicheres Anzeichen der indischen Überheblichkeit hielt. Und nun ist es geschehen, daß sie zu mir, der ich heute wirklich nicht daran dachte, auf nichts gefaßt war und nichts zu glauben glaubte, daß sie zu mir gekommen sind, ebenso unzählig. (Warum, in der Tat,

sollte das erstaunlicher sein, als wären sie nur zu zweien gekommen oder einer allein?)
Da ich überglücklich war, forschte ich nicht weiter nach.
Aber auch kein Gebet, ich wußte nicht, um was ich hätte bitten sollen. Eine Unterwerfung(?)
Ja, vielleicht doch eine Unterwerfung, von jeher anerkannt, eine echte Bindung, die nie aufgehoben war.
Ich wäre verrückt gewesen, wenn ich Überprüfungen angestellt und mich dadurch abgesondert hätte. Diesmal schloß ich mich an. Man fragt mich: Aber war es denn eine Vision oder eine Halluzination? Oder eine Erscheinung?
– Es hat sich ereignet, das ist alles.
– Aber konnten Sie sie denn draußen mit offenen Augen sehen, oder drinnen in Ihnen, mit geschlossenen Augen?
Es ist unglaublich, ich, der ich bis dahin so aufmerksam war, ich kann nur antworten: »Ich erinnere mich nicht«. Der Unterschied von allen vorausgegangenen Episoden lag in meiner totalen, glücklichen Einwilligung. Ich hatte kein Auge für etwas anderes. Ich gab mich ebenso rückhaltlos hin wie ich anschaute.
In dieser *Hingabe* lag meine Freude.
In dieser Situation, dieser Beziehung von ihnen zu mir, oder wenigstens von mir zu

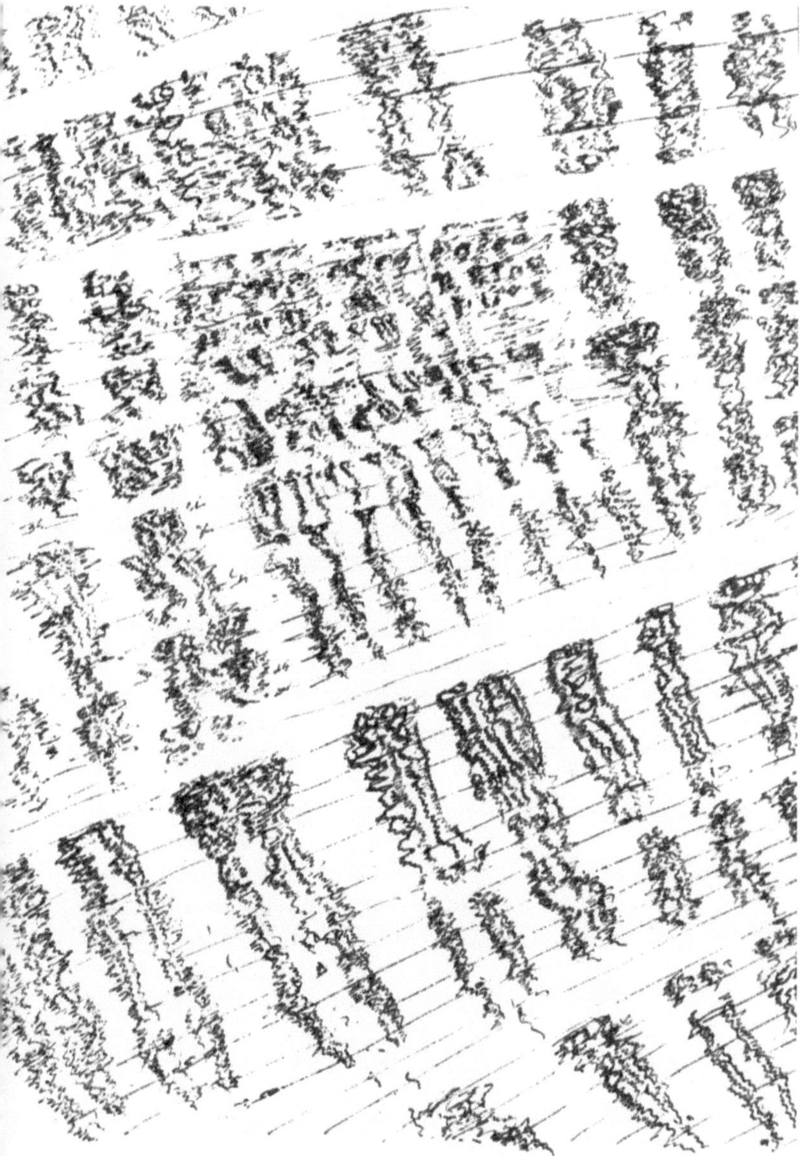

ihnen. (Am Anfang hatte ich wohl, glaube ich, mit geschlossenen Augen gesehen, in einer inneren Schau. Dann aber? Ich weiß nicht . . . sie waren da. – Mein Zimmer oder meinen Kopf durchquerend, um bis ins Unendliche zu gehen, das worauf es ankam, das was bestand, unauslöschlich, das war ihre *Gegenwärtigkeit,* und von mir zu ihnen eine unerhörte Verbindung . . . unerhört durch ihre Natürlichkeit.)

. . .

Unaufmerksamkeit. Müdigkeit mag mich ergriffen haben. Sie sind nicht mehr. Sie fehlen mir noch nicht. Ihre Gegenwart bleibt spürbar wie ein Duft oder ein empfangener Schlag.

. . .

Ich meditiere, ich käue das Erstaunliche wieder, dieses erstaunliche Ereignis, das stattgefunden hat.
Aber das Meskalin setzt seine Arbeit fort, das unaufhaltsame Meskalin.

. . .

Kreuzweg von Denkschwierigkeiten.

. . .

Nichtigkeiten in Gänsefüßchen, Gedanken, einer geht nach dieser Seite, der andere nach jener, aber sie fallen mir in so dicht genäherten Abständen ein, daß sie es fast im gleichen Augenblick zu tun scheinen.

. . .
Es ist drei Uhr. Vor etwa einer halben Stunde habe ich eine kleine zusätzliche Dosis nehmen müssen.
Das Empfindungsvermögen verläßt mich teilweise. In Wellen kommt es zu Rückzügen von Sensibilität. Teile von mir werden wie neutrale Platten.

. . .
Das Knistern und Zischen des flackernden Holzfeuers in meinem Kamin nimmt eine gewisse räumliche Weite an. Es hat etwas Festliches. Nein, es ist nicht in ihm, sondern in den Tiefen. Da ist wirklich Weite. Da ist eine Weite in Spiralschwüngen. Da ist eine ganz außergewöhnliche Weite, eine Weite um zentrale Punkte, eine immer wiederholte Weite, die bis in die fernsten Fernen des Raumes reicht, eine Weite, die noch niemals erforscht worden ist. Da ist eine Entwicklung von außergewöhnlicher Weite.
Vornehm, großartig, untadelig, bildet sich jeder einzelne Augenblick, vollendet sich, fällt in sich zusammen, ersteht wieder in einem neuen Augenblick, der sich entwickelt, sich bildet, sich vollendet, in sich zusammenfällt und wiederersteht in einem neuen Augenblick, der sich entwickelt, sich bildet, sich vollendet und

einstürzt und in den folgenden übergeht, der sich ankündigt, sich entwickelt, sich bildet, sich vollendet und sich in dem nächstfolgenden erschöpft, der entsteht, sich aufrichtet, reift und sich dem folgenden anschließt ... der sich bildet und so weiter ohne Ende, ohne Verlangsamung, ohne Ermattung, ohne Zwischenfall, in einer hingebenden Volkommenheit und in monumentalem Stil.
Die Güte (ja!), die Schönheit, die Fülle des Augenblicks, der sich entwickelt, der unterliegt, der mit einer aberwitzigen Vollkommenheit in dem nächsten völlig gleichen neu ersteht, ohne daß irgend ein Element, irgend ein Zufall den einen oder den andern, im allergeringsten verändern würde, unvermindert, unverletzt, unwandelbar, rein von jeder Unregelmäßigkeit, jeder Überschneidung, und ich selbst im wunderbarsten aller Kontemplationszustände, losgelöst (denn das »Ich«, wo könnte seine Stelle sein?), in die allgemeine Zirkulation wiederaufgenommen, in die unsagbare Freude einer Art Mitwirkung am vollkommenen Bau eines jeden dieser Vorstellungsbögen, außerhalb von jeder Sorge, außerhalb von jeder Prüfung, außerhalb von allen Dunkelheiten ...
Aber waren es Augenblicke, gewissermaßen Zehntelsekunden, miteinander

ausgeglichen, die ich so kontemplierte? War es ein anderes Element, ein dem ganzen Weltall gemeinsames Element, die Verbindung, die Vergleichung, die unendlich einfache Basis, die alles vereinende Konstante, welche die Kontinuität des Universums herstellt, das aktive Element, die Ausdehnung der Schöpfung in alle Zeiten, an jeden Ort?
Ich wohne dem Geheimnis der Geheimnisse bei, aber ich vermag es nicht zu durchdringen.
Ohne innehalten zu können, muß ich der Bewegung folgen, die keiner andern gleicht und die sich doch überall wiederfindet, Mathematik des Weltgeheimnisses.
Die Größe, die Überlegenheit hat etwas unermeßlich Bedeutsames, so als wäre sie der Ausdruck von Gesetzen, von vielen Gesetzen oder eher von dem einen einzigen Gesetz, das in allen Gesetzen ist.
Ich, der staunend verwunderte Zeuge, sah mein eitles Reiseleben endlich in die Straße des Wunders einmünden. Doch dieses »endlich« bedeutete nicht Ruhe.
Ich hatte keinerlei Ruhe. Ich konnte nicht einen Augenblick aufhören, immer aufs neue erfüllt zu sein, maßlos, in jener vollkommen edlen und prachtvollen und exorbitanten Maßlosigkeit, welche das echte Maß und die Fassungskraft des

Menschen ist, des unverdächtigen Menschen.
Das vollzog sich königlich, hinweg über alle Gelüste, die ich vorher hätte haben können, hinweg über meine Pläne, klar zu sehen, und meine früheren Absichten, Knüppel von Erklärungen in die rollenden Räder zu werfen.
Mein Glück war an der äußersten Grenze dessen, was ich an Glück ertragen konnte. Es war eine Engelsseligkeit. Aber kam sie nicht aus meinem trägen Körper, der unbewegt ausgestreckt lag, genießerisch und vielleicht dabei mithalf? Warum nicht gar! Ich schüttelte ihn also, kniff so stark ich konnte, in meine Arme, meine Beine. Nichts änderte sich, auch nicht, wenn ich die Augen eine Zeitlang aufmachte. Gewiß erhielt ich Kenntnis von dem Kneifen, aber so als wäre mir diese Auskunft nur auf dem Papier durch irgendein subalternes Büro übermittelt worden, das nichts begreift, in einer der Betäubung ähnlichen Abschwächung. Ich befand mich außerhalb der Überraschungen des Körpers. Ich wußte noch von den Dingen meines Körpers, aber ich hielt ihn nicht mehr besetzt, oder nur noch so wenig, und ich war so unwichtig geworden vor dieser Großartigkeit des Gegenwärtigen, die ich in meiner Ekstase mit pharaonischer

Majestät ihr eigenes Leben führen sah.
Enge gibt es nicht mehr.
Ich hefte mich an die göttlich vollkommene Fortdauer des Seins durch die Zeit hindurch, Fortdauer, die derartig schön ist, schön zum Ohnmächtigwerden, so schön, daß die Götter – wie es im Mahabharata heißt – eifersüchtig herbeikommen und bewundern.
Dies ist es, ein Heerzug ohne Ende, vereint, mit dem Heerzug der Natur, den ich spüre ohne ihn zu sehen, den ich vorhanden weiß wie jene Gesetze, die sich darauf beziehen, das Gesetz der Entwicklung, die Gesetze der Gase, die Gesetze der Erhaltung der Energie, die Gesetze der Elektrochemie, alle die bisher entdeckten Gesetze, und die noch zu entdeckenden Gesetze, und jene, die niemals ganz entdeckt sein werden, dieser ganze Heerzug . . .
Was soll ich sagen?
Alles das in einem vorbehaltlosen Beifallsrauschen, und ich im vollsten Anstaunen, ich, heimgekehrt in Abrahams Schoß, in den Schoß des Universums, des Unendlichen, eine Glückseligkeit ohne Grenzen, ohne Worte, ich, inmitten eines neuartigen Feuers, unverbrennbar, als wäre ich aus Asbest.

Göttlich vollendet sich alles

Ekstase: das heißt mitwirken an der göttlichen Erschaffung der Welt.

Faselei, was ich sage. Was ich sage, sagt nicht den tausendsten Teil von dem was ich sagen müßte. Die Vergleiche wollen nicht kommen, die Logik stellt sich nicht ein, die Zivilisation der Analyse und der Bezugssysteme hilft mir nicht vor dieser abstrakten Schönheit ohne Ende, ohne Ende.

Wie ist es möglich, daß dies mir geschieht, mir?

Jedoch als mich wieder einmal wenigstens ein wenig aus dem seligen Wildbach herausgeholt habe, stelle ich mich auf die Probe, ich fange an zu gehen, ich verlasse das Zimmer, doch die Ekstase verläßt mich nicht, die Rolltreppe rollt mich mit sich fort, das Majestätische durchschreitet ungehindert die kleine Tür, die von meinem Zimmer zum Nachbarzimmer führt, das Unzerstörbare geht nicht zugrunde an einer durchschrittenen Tür, es bewegt sich unbeirrbar weiter, ebenso klar, offenkundig, in sich verkettet, mich verkettend, mich mit seiner Vollkommenheit verkettend, der ich folge wie ein Hund seinem Herrn (etwas verspätet vielleicht, aber es erscheint mir nicht so), in der Freude zu sein und nicht mehr zu sein, und im Extremfall der Kommunikation mit dem was sonst nicht kommunizierbar ist, jenseits der Lächerlichkeiten des alltäglichen Lebens. Und

dennoch konnte ich aufstehen, mich dem Kaminfeuer nähern, es mit einem Scheit füttern . . . und nichts änderte sich! Das Unendliche dauerte fort. Verändert sich etwa die Wahrheit, wenn man aufsteht, wenn man ein Holzscheit holt, wenn man es aufgelegt hat?
Göttliche Ordnung des Kosmos? Das war es, vermute ich, was ich sah, das, was nicht durch einen eingestürzten Bogen gestoppt werden kann, unendlich auf dem Wege sich zu gestalten, sich umzugestalten, sich fortzusetzen. Mehr *infinisatio* als *infinitum*. Unendlichwerdung mehr als Unendlichkeit.
Was sich vollzieht, was ich im Vollzug betrachte, vollzieht sich wunderbar gut, in Tausenden von »wunderbar guten« Bögen, die in bewundernswerter Weise ohne Fehler sind.
Es nützte mir nichts zu wissen (mindestens in einer dunklen Zone meines Ich – wie hätte ich es vergessen können), daß alles dies eine Folge des Meskalingenusses war. Ich konnte nicht mehr zurück. Das war unmöglich. Ich war wirklich nicht imstande, Knüppel in die Räder des Göttlichen zu schleudern. Sonst hätte ich es getan. Man zweifle nicht daran.
Für so etwas bin ich Spielverderber genug, aber die ununterbrochene Fortbewegung des Denkens verschlang jedes

Hindernis, jeden Zwischenfall auch die Fetzen meines mit Recht vergessenen Körpers.
Wellenbewegung ohne Unterbrechung, in Ewigkeit wiederholte Wellenbewegung, von der ein kontemplatives Denken getragen wird, ein Denken, das sich wiederholt, ohne Konkurrenz, ohne sich zu verändern, ohne daß man Lust bekäme, seine verzauberte Kette zu unterbrechen.
Die Bildfläche der Aktualitäten, es gab nichts mehr darauf zu sehen.
Die Bildfläche der Geschichte, es gab nichts mehr darauf.
Die Bildfläche der Buchführungen, der Rechnungen, der Zwecke, es gab nichts mehr darauf.
Befreit von jedem Haß, von jeder Empfindlichkeit, jeder Bezüglichkeit.
Über allen Entschlüssen und Unentschlossenheiten, über allen Ansichten dort wo es weder zwei noch mehrere gibt nur noch Litanei, Litanei der Wahrheit des *Es* wovon es kein Zeichen geben kann jenseits der Antipathie, des Nein, der Ablehnung[1]

1. Religion ist Gehorsam. Unterwerfung. Das Fieber eine andere Art der Unterwerfung, Harmonie durch Ermattung. Zweifellos hatte mich mein Fieber, ohne mein Wissen, dazu bereit gemacht, nicht widerspenstig zu sein und die Erleuchtung anzunehmen.
2. Was nach dem Tode kommt, sucht man

jenseits jeder Vorliebe
in der Verzauberung der absoluten Reinheit
dort wo die Unreinheit weder begriffen
noch gefühlt werden kann noch einen
Sinn hat
hörte ich das wunderbare Gedicht,
das großartige Gedicht
das nie endende Gedicht
das Gedicht mit den mustergültig
schönen Versen
ohne Reime, ohne Musik, ohne Worte,
das unaufhörlich hörbar macht die Metren des Weltalls[2-3].

allzu gern im Substanzbegriff zu fassen. Vielleicht ist man nach dem Tod in einem Zustand (den das Ich nicht mehr verwehrt), wo das Unendliche der Schwingungen des Kosmos uns durchgeht und dies *einzig und allein* wahrnehmbar und wie wir selbst undifferenzierbar ist. Die momentane Unendlichwerdung der Ekstase würde im Tod zur endgültigen Unendlichwerdung. Der Tod wäre Ekstase. Man wäre darin dem Unendlichen zugewendet ohne andere Möglichkeit.

3. Die große mystische Ekstase wird gewöhnlich von einer totalen Unempfindlichkeit begleitet, wobei eine die Bedingung der andern ist.

Hier ist die Unempfindlichkeit zwar bemerkbar und erstaunlich, aber nicht total, und die Ekstase bleibt nur auf einem gewissen Grad. Für den Augenblick hätte ich immerhin kein *Summum* vorstellen können, das über dieses *Summum* hinausginge.

Versuch 4

Sehr schwache Dosis vielleicht 0,03 g

In der inneren Vision beobachte ich monströse Dehnungen (von Linien, Gesichtern, Formen), die derart »pathologisch« sind, daß ich mich frage, ob ich nicht schlimmer verstört sein werde als ich gedacht habe.

. . .

Augen, schlitzförmige, zugekniffene, fast ganz verschlossene, Münder, dünne, breite, feine weiche Ritzen, die leicht zittern, in denen ich mangels Phantasie und »Verstehenkönnen« Münder erblicke, aber nachgemachte, unmögliche Münder, die nur ganz leise stammeln können.
Die Intensität der Visionen ist jedoch schwach, und ich gebe sie auf, um ein Album mit Reproduktionen von indischen, afrikanischen, griechischen Skulpturen zu durchblättern.

Die Körper entziehen sich mir die Skulpturen entziehen sich mir das Hemisphärische entzieht sich mir

Ich empfinde sie nicht mehr. Unnötig, darauf zurückzukommen. Ich bin nicht mehr imstande, sie zu empfinden, denn sie sind glatt. Die glatten, sanften, geschweiften, leicht geründeten oder halbkugeligen Formen entgehen mir, sind mir entzogen, sind im Infra-Bereich.
Nach Einnahme von Meskalin kann man nur noch das Gebrochene, das

Zerstückte, das Krümelige, das Körnige, das Rissige – das heißt also: das vielfältige und unregelmäßige Relief – würdigen, behalten, in der Phantasie erzeugen.

Das Glatte in den Infrabereich abgesunken

Eine Brust – unmögliche Vorstellung. Wenn ich mir hartnäckig Mühe gebe, dann kommen gleich zweihundert, winzig klein und bilden etwas wie eine Reibefläche. Eine Tatsache, die ich schon bei geringeren Dosierungen von Haschisch bemerkt habe[1].

Der Grund dafür? Ich werde ihn gleich gefunden haben, aber im Augenblick bin ich noch zu erregt und versuche Gewinn daraus zu ziehen, daß die Meskalindosis nur schwach ist, und schwach also auch die Auswirkung, und mein Wille noch stark genug, um dem ordnungslosen Film meiner inneren Visionen Bilder vorzuschreiben.

Nach seinem Erscheinen hört das Bild gleich auf null und nichtig bleibt weg

Ich forme also ein[2] Bild, einmal, zweimal, dreimal ... Es schlägt durch oder es schlägt nicht durch. Auf keinen Fall hält es sich. Wenn es sich deformiert, so behält *man* es (»*man*«: der spontan imaginierende Teil meines Geistes, der vom Meskalin besetzt ist und über den ich

1. *Misérable Miracle,* Seite 69
2. Oder vielmehr zwei, drei, vier, denn man weiß nicht, welches das Glück haben wird, akzeptiert zu werden.

eidetisches Bild ausnahmsweise kurz

keine Macht mehr habe). Wenn nicht, so verschwindet das Bild, mit einer ungewöhnlichen Plötzlichkeit, und ich muß versuchen, es noch einmal zu machen oder ein anderes daraus zu machen, was am Ende auf ein rasches Nichts herauskommt oder auf eine Reihe von Transformationen, eine stets überraschende Modelliertätigkeit, gemischt aus Mechanisierung und einer Art verrückter Rhetorik.

Also ich, Wille meiner selbst, ich mache sorgfältig meine Vorschläge (schwierig in diesem Zustand der Trunkenheit), und *man* macht die Knetarbeiten (das heißt akzeptiert und transformiert) oder läßt auslöschen, ohne sich damit zu beschäftigen.

Seltsames Duo!

Bilder abgeändert im Sinne des Mechanischen Strukturalen Architektonischen

Von einer Reihe vorgeschlagener Bilder sind es die am wenigsten interessanten, die zurückbehalten werden. Einige zunächst abgelehnte und erst nach längerer Zeit dank meiner Beharrlichkeit übernommene Bilder werden bald in einem Sinne abgeändert sein, der genau dem Genre der von vornherein aufgenommenen Bilder entspricht (dem was »man« gern hat), während andre mich viel mehr interessiert hätten, auf die ich immer wieder mit Vorliebe zurückkomme. Denn ich gebe mich nicht damit zufrieden, der zu sein, dessen Wünsche ohne Belang sind. Dies wird zu einer Wette, die ich gewinnen will.

Das Nackte kommt nicht durch, antwortet nicht, oder ich antworte ihm nicht störrisch gegen das Nackte

Ich will nackte Körper sehen. Besessenheit? Ja und nein. Der Grund dafür ist, daß aus einer Reihe von Bildern aller Arten, die ich vorgeschlagen hatte, gerade der Körper, wie ich feststellte, nicht durchkam, daß er mehr als irgendetwas anderes auf Widerstand stieß, und wenn er je einmal die Grenze überschreiten konnte, war er unkenntlich. (Gebuckelte, gewaffelte, durchsiebte Körper.)

Ich mache neue Anstrengungen. Vergebens. Die Körper wehren sich zu existieren. Je mehr ich eine schöne, wohlproportionierte Frau heraufbeschwören möchte, um so mehr ist sie außer Reichweite, unerschaffbar.

Um mich gewissermaßen durch den Anblick des Wirklichen in Schwung zu bringen, nehme ich eine amerikanische Sammlung der schönsten Photographien des Jahres vor und verweile bei den Aktaufnahmen (verschiedener Lebensalter und Rassen). Nutzlos. Sie kommen nicht an. Das ist wirklich verwirrend. Ich fühle mich zum Krüppel geworden.

Die nackten Körper entziehen sich mir, die der kleinen Kinder, die der Männer, und mehr als alle andern die der Frauen.

(Denn beim weiblichen Körper kommt der Knochenbau am wenigsten zur Geltung.)

Verarmung der Wahrnehmung

Beraubung. Du kannst ihn nicht behalten, ihn nicht fühlen, ihn dir nicht vorstellen. Er ist dir entzogen in einer höchst ärgerlichen Verarmung, mit der du dich nicht abfinden kannst, taub inmitten eines fröhlichen Gebabbels. Hier sind

Krüppel geworden unempfindlich für das Nackte

es die Formen, die ihre Sprache verloren haben – für dich. Ihr Fest hat aufgehört. Du befindest dich in der Anti-Versuchung der Körper.

Das Gefühl, das normalerweise den Anblick eines Körpers begleitet, das komplexe Gefühl seines Umrisses, der Berührungsempfindungen, des plastischen Volumens (so wenig es auch imaginiert sei), die Vorstellung, die man sich von der Empfindung des andern im Inneren seiner Brust, seiner Schultern, seiner Beine macht, daß man diesen Körper dort zu empfinden meint, ohne doch aufzuhören, den eigenen darunter zu empfinden, – dieses glückliche Bewußtsein ist nicht mehr.

Im Meskalinrausch empfindet man den Körper des anderen nicht mehr. Und zwar deshalb, weil man (ohne es selbst zu wissen) auf übertriebenste Weise das Bewußtsein des eigenen Körpers verloren hat, seiner eigenen Situation in seinem Körper (das man im normalen Leben niemals verliert, obgleich man es manchmal meint).

Verloren der Körper der andern weil man den eigenen verloren hat

Denn man bekommt nur Bewußtsein vom Körper des andern unter der Bedingung, daß man das Bewußtsein des eigenen Körpers behält, und in dem Maße, in dem man es behält. Entsprechend gilt, daß der Anblick des Körpers der andern normalerweise das freudige Bewußtsein des eigenen Körpers steigert.
Erst aus der Unmöglichkeit, zu meinem eigenen Körper zurückzufinden, wäre demnach der unglaubliche Ärger und das Gefühl der Beraubung entstanden, das ich habe, wenn ich den Körper der anderen betrachte.
Ein Vogelweibchen, das bisher träge und gleichgültig war, wird sich beleben, ovulieren und Eier legen, wenn es einen andern Vogel derselben Gattung sieht, notfalls auch sich selbst im Spiegel.
(Ohne Zeugen ist das Bewußtsein sehr ärmlich, das man von seinem eigenen Körper hat.)
Diese komplexe Unempfindlichkeit wäre dann die Ursache dafür, daß man nicht mehr das Glatte und die sanften, harmonischen Kurven zu empfinden vermag, sondern nur das Kantige, das Geborstene, das Ziselierte, das Körnige, das Narbige, alles was in irgend-

einer Art das fast verschwundene Tastgefühl und das fast eingeschlafene Bewußtsein des Körpers wiedererwecken könnte. Und sie müßte zweitens zur Folge haben, daß man zwar unempfindlich für die Oberflächen bleibt, aber empfindlich und hellsichtig für die Strukturen, den Knochenbau, die Architekturen (welcher Drogenberauschte hat nicht in seiner Vision die Paläste des Kubla Khan besessen?), ferner für die Modelle (von Kristallen besonders), für die Grundrisse und Montagen, mehr um sich geistig daran zu berauschen als um sie zu verstehen.

unempfänglich
für die Oberflächen
empfänglich
für die Strukturen
Lieber
Architektur als
Volumen

In diesem Sinne intellektualisiert das Meskalin, es verbegrifflicht.

Zu Ende die Freuden der Formenkunde.

Nur noch die Gefüge zählen.

Hieße es zu weit gehen in der Analogie, wenn ich dieser Interessenrichtung, diesem neuen Sinn für die Strukturzusammenhänge, auch meinen – mir selbst an mir (in meinen Büchern über das Meskalin) so neuen – Geschmack für Explikationen, id est, für Mechanismen, zuschreiben würde?

. . .

. . .

Ich gehe aus und bemerke verärgert die Baudenkmäler und Wohnhäuser, die ihre Strukturen schablonenmäßig ver-

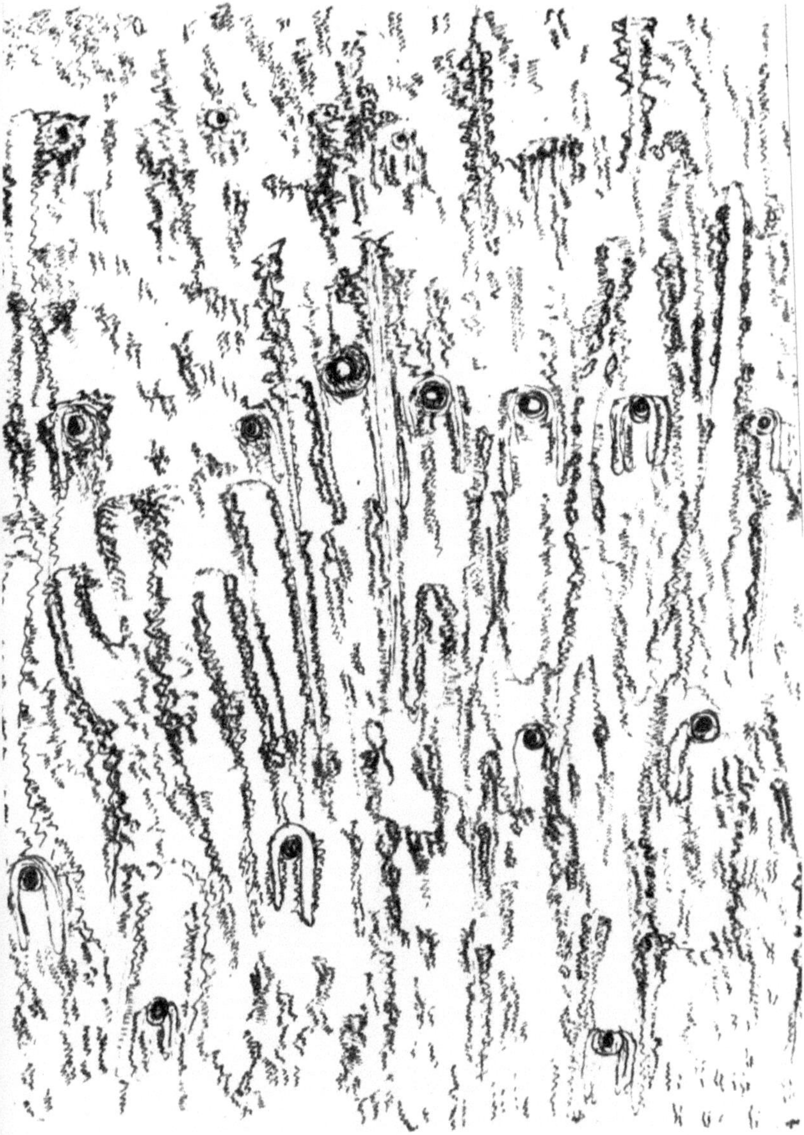

Gleichgültigkeit gegen die Fassaden

Neigung und Sinn für die Mechanismen

heimlichen, um eine glatte Fassade und billige Harmonie zu zeigen, indem sie mit Hilfe von Ornamenten, Tünche, Füllseln den Plan und die Konstruktion des Gebäudes maskieren, die Art, wie es steht, sich stützt, lastet, sich verstrebt. Unmöglich davon eine gesunde, verständige Ansicht zu bekommen. Zum ersten Mal bin ich darüber beinahe erbittert.

. . .

Gehen, Müdigkeit . . . und das Experiment endet in der Zerstreuung.

Um mich auf die erhabensten Gegenstände zu konzentrieren, beginne ich indische religiöse Gedichte zu lesen, und ich nehme »Das Leben Buddhas« wieder vor, das ich vor einigen Wochen aus der Hand legte, weil es mich enttäuscht hatte.
Diesmal aber: unmittelbare Begeisterung, ohne Vorbehalt, die mich hinreißt, mich emporhebt, ohne daß ich mir gleich bewußt bin, bis zu welcher Höhe.

Neigung, das Meskalin wie eine Person zu empfinden

Mechanisch nähere ich die Finger meinem Gesicht, ergriffen verspüre ich den Geruch *sui generis* des Meskalins, der mich darüber belehrt, daß wir beide, die Droge und ich, zusammen beim Lesen sind und beide das Entzücken über diese bewunderungswürdige Lebensgeschichte empfinden.
Wichtigere Dinge lassen es mich rasch vergessen, ich beschäftige mich nur noch damit, Entschlüsse zu fassen, denn diesmal bin ich vollkommen überzeugt zu wissen, worauf es im Leben wirklich ankommt. Schluß mit den Lappalien der Kunst. Ich muß mich wandeln, von morgen ab, in die Bahn der Befreiung eintreten, die heilige Bahn. Eine Zeitlang

bleibe ich in diese Gedanken versunken, dann nehme ich meine Lektüre wieder auf. Von den ersten Zeilen an macht das Hochgefühl einen fast körperlich greifbaren Sprung, so als säße ich in einem Wagen, der plötzlich auf einen Gashebeldruck anspringt.

. . .

die Wendung, die teuflische Wendung . . .

Da, wie ich auf dem höchsten Punkt der Begeisterung bin, dem gespanntesten Bogen . . . was denn! Was geschieht mir? Was geht vor?

Sind die Bilder des indischen Pantheons, mit denen ich mich umgeben habe, daran schuld, wo an der Seite der Götter jene Göttinnen auftreten, die mit Bedacht wollüstig gemeißelt sind, wohlgerundet, zur Liebe bestimmt?

Infernalisches Rodeo: ich wechsle in vollem Rennen von einem Reittier zu einem andern völlig andrer Gattung aber ebenfalls in vollem Lauf

Ist es die Tatsache, daß ich vor kurzem in der Dissertation des Dr. Wilhelm[1] las, geistesgestörte Frauen hätten auf Meskalin mit obszönen Worten und Haltungen reagiert, ein Bericht, der mich darüber belehrte, daß die kalte, metaphysische Droge auch erotisierend wirken kann und daß man sich früher oder später auch auf solche Erlebnisse gefaßt machen müsse, Überlegungen, die mich

1. Dr. Wilhelm, Die Bedeutung des Meskalinversuchs für die Geisteskrankheiten. Straßburg 1955.

unterschwellig in die entsprechende Bereitschaft versetzt haben konnten?

allein
die Verlangsamung
ist unmöglich

Oder sollten diese beiden Gefühlshaltungen, Erotik und Mystik, wirklich so nahe benachbart sein?

ich sehe
das Namenlose

. . . Plötzlich, ohne daß meine Begeisterung von vorhin aufhört – ganz im Gegenteil, sie steigert sich immer mehr, nur hat sie sich auf einmal umgeformt–, plötzlich sehe ich (in der inneren Schau) . . .

. . .

Ach! was kann sich alles in einem Augenblick darbieten, sich verstecken, sich auftun!

Sintflut
von Unflat

Sintflut von Unflat, überall wogend, brandend, den ganzen Gesichtskreis einnehmend und den Gesichtskreis meiner Seele und ihrer Sehnsüchte.

Ich bin davon erstickt, geblendet. Ich habe noch nicht begriffen, was mir geschah, ich will mir weismachen, daß diese Bilder, so unwahrscheinlich ausschweifend sie sind – eine Ausschweifung auf der Stufe des Meskalins, das heißt eine unendliche –, daß diese Bilder keine Folge haben werden.

Glaube ich das wirklich? Und ich bin soweit, mich zu fragen, ob ich das unerhörte Schauspiel noch eine weitere Minute ansehen soll oder nicht.

gesteigerte Trance,
erotische Trance

Habe ich denn noch gar nicht begriffen?

in die Erotik katapultiert

fluidale Kräfte durchwühlen mein Inneres, verstört bis in den Seelengrund

Metaphysischer Orgasmus

Was denn? Daß es nicht so sehr auf die Vision ankommt, sondern auf die als Verräterin über mich gekommene Trance, die mich emporhebt und sich steigert, sich steigert, sich steigert und mich drängt und voranstößt kopfüber in eine Wonne, in eine nicht körperliche, nicht örtlich bedingte, sondern innere, wesenhafte, in mir zentral aufstrahlende Wonne, die mich hinreißt, mich einfängt, mich berauscht, mich umwirft, mich zersetzt, mich auflöst, in einer überschwenglichen Entzückung, ungehemmt, ohne Gegengewicht, ohne Kritik, ohne irgendeine Möglichkeit, eine allesverschlingende, symphonische Lüsternheit, deren schamlose Panoramen dennoch nichts anderes sind als die Bestätigung und Illustration des vielfältigen, unerhörten zerebralen Orgasmus, der mich ohne Unterlaß gefangen hält.

Die ganze Welt scheint einen außerordentlichen Genuß zu erleben. Die Augen ertrinken, die Glieder ertrinken, die Lebewesen ertrinken. Große Ströme von Körpern rauschen vorüber, drängen sich, stauen sich, umarmen einander, überreiten einander, oder schießen im Gefälle dahin, zusammengebündelte Rümpfe, verloren wie ich selbst in diesem Schisma der Wonne.

Lianen, wie man sie auf Erden nirgendwo sieht, verflechten sich in gigantischen Gliederverschlingungen, strecken sich aus, Freude und Gestöhn in Lianen verwandelt. Die Erde und die Gewässer, die Berge und die Bäume, sie alle geben sich in geilen Lianenwindungen der Ausschweifung hin. Alles ist geformt von Hochgenüssen, für Hochgenüsse, aber übermenschliche Hochgenüsse, die vom kraftvollsten Aufschwung bis zu einem Halbtotsein reichen, wo sich das Vergnügen jedoch immer noch eindrängt und auswringt. In einem Kataklysmus von Entzücken gibt sich die animalische Natur des Menschen konvulsivschen Zuckungen hin und wird von ihnen auf die ekstatische Unordnung meines Geistes abgestimmt.

Brandungen, stürzende Lustlawinen

Kataklysmen von Entzückungen

Momentweise öffne ich wieder die Augen, die vermutlich genauso fassungslos sind wie ich selber, um meine Blicke auf die neutralen Dinge meines Zimmers zu richten, die zu andern Zeiten die Fähigkeit haben, dem aufgelösten Hingerissensein als Dämme entgegenzuwirken, Staudämme gegen die ekelhafte Flutwelle, die überall aufbrandet.

Aber ich habe kein Vertrauen mehr zu ihnen, und auch nicht zu der Neutralität von irgendetwas anderem, was es in der Welt geben könnte. Das ist mir soeben gezeigt worden und wird mir noch überströmender, in einer wahren erotischen Erleuchtung, bestätigt werden: nichts ist unschuldig, nichts ist neutral, kein Lebewesen, kein Ding.

erotische Erleuchtung demonische Ekstase

Das ist mir unaufhörlich ins Ohr posaunt worden, davon nehme ich Kenntnis im Lichte einer flammenden Evidenz, ich sehe sie alle, so wie sie hier auftreten, ich sehe die universelle Hurerei, oder Vorbereitung zur Hurerei, oder Symbole der Hurerei.

In einer Art luziferischer Kundgebung proklamieren die alltäglichsten, beliebigsten Formen durch eine Reihe von bedeutsamen Bildern ihre Zugehörigkeit zu der einen einzigen, der unreinen Realität.

verderbte Dinge, die Botschaften der Verderbnis tragen

Es ist etwas ganz Eigenartiges, die Dinge, die bisher unschuldig waren, pervertiert zu sehen, geistig verführt; ein Stengel, an dem eine Blüte hängt, die Blüte selbst, die erst abfällt und dann Früchte bringt, die Johannisbeere, eine Traube Johannisbeeren (ihr so sprechendes Rot, diese sphärische Form, die keine Täuschung zuläßt) und dieser Name – *groseille* –, der von Sinnlichkeit geschwellt ist wie ein Schwamm in einem warmen Bade von Seifenwasser.

libidinöse Trauben

Die Überflutung mit Johannisbeertrauben, die ich sehe, in Haufen und in Girlanden, berauscht mich und macht mich gemein, Johannisbeeren, von denen ich nun weiß, und für immer wissen werde, was ihnen in uns entspricht und welcher Art das Vergnügen ist, das man empfindet, wenn man sie sich vorstellt, das Vergnügen, das auch noch das keuscheste Mädchen schon allein in dem Wort *groseille* entdeckt, ein Abgrund in mir, diese Johannisbeeren (auch im Deutschen gibt es einige volkstümliche Ausdrücke verwandter Bezüglichkeit – in alpinen Gebieten werden die wilden Johannisbeeren »Fleischbeeren« genannt; die schwarzen Johannisbeeren heißen in Sachsen »Jungfernstrauch«. Anm. des Übersetzers): aufreizender, beredtsamer, überzeugender, verführender als die gewagtesten und schlüpfrigsten Szenen, ein Abgrund, denn ich ermesse an der von ihnen ausgehenden erotischen Faszination, bis zu welchem Grade ich in das Laster und ins Gemeine untergetaucht bin, wenn schon solche Gegenstände so weit davon angesteckt erscheinen, daß sie für mich stärker erogen wirken als der schönste Busen der Welt oder eine heimliche Liebkosung im Dunkeln. Viel stärker als wollüstige Szenen vermag diese Piraterie der Objekte, die sich steigert, mich zu faszinieren, zu verwirren: ein Gedicht des Gewimmels, der Larven, der Über-

schwemmungen, der tropischen Überfülle, unbestimmt wie das Meer, aber viel gewaltigere Hochgefühle erregend, und wie dieses keine Grenzen kennend, auch keine dauerhafte Beruhigung, eine unermeßliche orgiastische Atmung.
Was ich an diesem Nachmittage sehen durfte, das könnte manche Menschen für ihr ganzes Leben mit Wonne erfüllen.
Ich weiß jetzt, was die teuflische Versuchung ist und daß es keinen Schwimmer gibt, der gegen diesen Strom schwimmt.

Eros als Auseinanderbruch Verschüttung, Zerschmetterung

Seine Unermeßlichkeit, seine Schnelligkeit, seine verblüffenden Wiederholungen, seine geheimen Unterströme, seine Verheerungen im kosmischen Dasein lassen sich mit nichts vergleichen.
Dieser Verführung erliegt alles und versinkt, in den Wirbel eines Eros ohne Ende hineingezogen, der einem Bergsturz oder einem Erdbeben ähnelt. Sogar die

Auflösung des Wollens

reinen Linien, die am ausschließlichsten linearen, die zunächst fast abstrakt sind, ohne Beziehung zum mensch-
lichen Körper, sie werden zu berauschten Linien, von gemeinen Wellenbewegungen ergriffen, die zwar mit nichts Bestimmtem in Verbindung gebracht werden können, aber dennoch gemein sind, und ich kann ihnen nicht nachgehen, ohne im höchsten Grade meine eigene Schänd-

lichkeit zu erleben, mitten zwischen Rükkenstreckungen und Hüftenschwenkungen, die schlaksig wie nach Saxophonmusik Promiskuität proklamieren, Promiskuität, allgemeinste Promiskuität,

unmöglich
to swim away

von der man sich unmöglich ausschließen kann, entpaaren, entgatten, entkuppeln kann, in einer alles umfassenden Unreinheit.

Ich bin in vollster Kontemplation. Ich bin in vollster Schwängerung. Aber kein Sadismus. Beim Vorüberstreifen einer Gedankenverbindung brachte mich Sade nur zum Lachen, er und all die schwere Mühe, die er sich gibt, sehr geregelt, methodisch, bürokratisch. Hier ist keine Grausamkeit, sie ist wirklich nicht nötig, hier ist nur der Glaube an die allgemeine Unreinheit, die allumfassende, *ausschließlich sinnliche,* ohne Beherrschten und Beherrscher, ohne Erleidenden oder Leidengenießenden, Sinnlichkeit ohne Beimischung, universell überfließend.

metaphysische
Schamlosigkeit

Das absolut *Unreine,* oder vielmehr das *Anti-Reine* steigt immer tiefer herab in die Freude der Schamlosigkeit.

Diese Gewalt, die alles, die Pflanze, den Erdboden, die ganze Erde, zur Ausschweifung verleitet und in dieses trübe, aber vor allem exzessive, exzessive Schauspiel hinreißt, hat kein anderes

Antlitz als das erotische, keine andere Betätigung als die erotische, hat absolut keinen Platz für irgendetwas anderes, nicht für die kleinste Ablenkung, die geringste Zerstreuung, und sie dürfte doch wohl (und nicht nur für einen Christen) die hundertprozentige Versuchung sein, die vollkommene, unwiderstehliche Versuchung, die übrigens der Liebe mehr Schaden zufügt als deren noch so puritanische Verneinung.

die Pflanze zur Ausschweifung verleitet

Unermeßliche profanisierende Entblößung. Knospen (pflanzliche oder Tierglieder, man weiß nicht, und es ist auch gleich) antworten in Überfülle dem monströsen Aufruf zur Wonne, der aus dem Unterbewußtsein hervorbricht, wo die ganze Welt teilnehmen muß und wo alle Vorstellungsbilder zusammengebündelt sind, um die üppige Rhetorik der Brunst zu tragen.

Seerosen, Rosen, antike Säulen, maßlos vergrößerte Maulbeerlarven, ottomanische Kuppeln, Kirchenschiffe, Wölbungen, Schiffswanten, Minarette, Brunnenbecken, Pfeiler, eine Vielheit von Formen aller Art, sprechen endlich klar und nicht mehr verstohlen. Die Perversitäten treten deutlich aus den Baudenkmälern, den Ornamenten hervor und man fragt sich, wie man es angestellt hatte, sie nicht zu sehen, sie nicht gleich

zu erkennen, bedeutungsbeladen wie sie sind.
Zu gleicher Zeit erklingen groteske Rhythmen, hinreißend und hingleitend, auch sie, und sie ganz besonders, im Dienste des sexuellen Wahnsinns. Sie machen den leichten Eros lächerlich, indem sie ihn durch plötzliche Seitenwendungen in verschiedenen Tempi, verschiedenen Tonhöhen und aufeinander folgenden Verdopplungen ersetzen, eine richtige rhythmische Verkommenheit, die (weil alles miteinander verbunden ist) etwa dem entspräche, was große Orgien und blutschänderische Umarmungen wären, in russischen Gebirgen, in einer bombardierten Stadt, während Insekten einem die Füße kitzeln und ein Kirchenchor, der Liturgien von Messiaen sänge, mit dumpfem Gelächter im Schlamm hinsänke. So ist diese verstörende Polyrhythmie – alles bringt sie durcheinander, von bösen Gelächtern wie von Wildbächen durchquert.

von einer Verkommenheit zu einer nochausgedehnteren Verkommenheit

Mit Genüssen und sinnlichen Eindrükken vollgestopft, vergißt man gänzlich die menschliche Rassezugehörigkeit und ihre spezialisierten Organe und wird zu einem einfachen Lebewesen in einem bestialischen Paradies. Eine Art Rückkehr in einen archaischen Zustand, das ist es, was man erlebt, einen Zustand, den die Einzeller kennen müßten (falls sie davon Bewußtsein hätten), wenn die überernährte, aufgeschwollene, mit sich selbst vollgestopfte Zelle entzweireißt, weil sie nicht mehr anders kann, sich verdoppelt und sich zerfleischt, um die Hälfte ihrer überladenen Masse, die unerträglich wurde, loszuwerden. So schien es mir, als würde ich unaufhörlich in einer unerhörten Befreiung aufplatzen. Nun bin ich weder gehemmt noch schamhaft mehr. Was mich gleichzeitig (wie in jähem Absprung) an allen Zentren der Lust getroffen hat, ist also an sein Ziel gelangt, auf seinen Höhepunkt, zu seinem teuflischen Erfolg, der die Aufreibung jeder Haltung und jedes Wollens ist (*aufgerieben:* welch richtiges Wort, ich begreife es in einem Blitz!) in einer unablässigen Mahlbewegung von übermenschlicher Geschwindigkeit, die jede Möglichkeit eines Widerstandes hinwegfegt. Die beschleunigte Bewegung läßt das Innerste meines Wesens in ein zufriedenes Nichts zusammenstürzen, um sich im nächsten Augenblick auszuweiten und von neuem einzustürzen, dann wieder anzuschwellen und wieder zusammenzubrechen und wieder sich aufzurichten und wieder und wieder, in einer unreinen Himmelfahrt. Ein Rhythmus, der anderswo unmöglich wäre. Aufreibung! Aufrei-

Aufreibung
jedes Willens,
jeder Zurückhaltung,
jeder Seelenruhe

die Springflut
in den Nerven

bung in höchster Geschwindigkeit! So weit bin ich also in dieser Trance gekommen, aus der ich nicht mehr herauskann, ein Loblied aus allgemeiner Zerrüttung. Die Versuchung des heiligen Antonius, ich weiß es jetzt, ist die Versuchung zur Aufreibung des Willens und der Haltung. In einer Verweiblichung der Welt versinkt der zufriedene Sünder. *Wonne des Zerfließens.*

Wonne des Zerfließens

Von seinem Asketenleben erschöpft, muß er solche Visionen gehabt haben, mit dieser Geschwindigkeit des Durcheinanderstoßens und des Auseinanderbrechens, des Gewimmels, so unerwartet, so übermenschlich (oder untermenschlich), daß man nicht weiß, wie man dagegen ankämpfen soll, daß man überhaupt gar nicht mehr weiß, was man tun soll.

Dem teuflischen Eingriff kann kein Mensch standhalten. Viele Mystiker haben es gesagt: »Kein Mensch kann ihm widerstehen. Nur die Gnade Gottes vermag es.«

Versuchung des Gehirn-Geschlechts, des zerebralen Sexus. Überschwenglichkeit, so als ob ein zweites Gehirn ganz für sich allein in Tätigkeit getreten wäre, vom ersten befreit und selbst allmächtig geworden, vom andern abgeschnitten und nur aus der Erotik, für die Erotik tätig, mit Beweisführungen, Gedankenverbindungen, Vorstellungsketten, einem Stil, *einzig und allein* erotisch bestimmt, und dennoch (seltsamerweise) einer wirklichen Welt entsprechend, einer einzig und allein erotischen Welt, die angefüllt, vollgestopft, zusammengesetzt ist von Erotik und vorüberzieht und sich ausbreitet vor dem perversen, wunderbar klar sehenden und falsch urteilenden Blick.

durch das Anbranden Tausender von Zuckungen

die Entwürdigung der menschlichen Existenz

Gibt es also den Teufel? Den teuflischen Eingriff gibt es, und er hält sich ganz und gar nicht mehr auf der menschlichen Ebene; mit der Geschwindigkeit eines Sturzes und begleitet vom innerseelischen Ausbranden Tausender von Zukkungen, zersetzt er mit rasender Kraft den »*virtus*« des bisher Tugendhaften und arbeitet an der Entwürdigung jeden Adels im Menschen.

Er schändet den Engel im Menschen. Ein Zustand ganz und gar außerhalb des Gewohnten, den allein die Mystiker, diese vom Fasten, vom Wachen, von fortgesetzten erschöpfenden Gebeten stimulierten (aber dadurch auch hellsichtig gewordenen) Einsamen, und manche Geisteskranke aus Erfahrung gekannt haben; doch weder die einen noch die anderen haben ohne Einschränkungen davon ge-

seelische Pollution

sprochen, die ersten aus Diskretion und in der Scheu, Böses zu tun, indem sie auf das aufmerksam machten, wovon man sich abwenden soll, die andern aber aus ungenügender Aufmerksamkeit und mangelndem Sprachvermögen. Stanislas von Guaita scheint inmitten von Aufschneidern der Teufelskunde diesen Zustand gekannt zu haben: »Welch furchtbarer Kampf«, so schreibt er[1], »hält euch umschlossen, entnervt euch, überwältigt euch! Welche seelische Pollution wird der Allnatur angetan und läßt euch mit Hochgenuß an der Herabwürdigung der Wesen und Dinge teilnehmen!«

Mit Recht sind der Sumpf, der Schlamm, die dickflüssigen Abwässer Bilder dieses Zustandes, und man ist tatsächlich angeleimt auf abschüssiger Bahn. (Sünde (ja) gegen sich selbst, gegen seine Persönlichkeit, gegen seinen menschlichen Adel, gegen die Idee, die man sich von sich selbst bewahren will ... und (für einen religiösen Menschen) gegen Gott.

der Wille ist verfault

Der Verführerdämon hat seinen Platz eingenommen, denn man ist dazu verführt, sich gehen zu lassen, sich ins Unbestimmte fallen zu lassen, sich dem Unendlichen preiszugeben. Verführung der Auflösung. Sünde: die Annehmlichkeit, die mit der Auflösung verbunden wird. Aber ich habe noch nicht genug von der allgegenwärtigen und überall unter-

Verführung der Auflösung

1. *Le régne de Satan.*

schwellig bestimmenden Bedeutung der Rhythmen gesprochen. Unter oder über denen, die ich erwähnte, wird sich immer einer befinden, der unrhythmisch, mehr noch wie ein Mauerriß, mehr noch die Glaubensbekenntnisse auslöschend, mehr noch die Tugenden zersetzend, mit einer teuflischen Regellosigkeit, Verhöhnung und Ironisierung, die relative Haltung, die man im Laster gefunden haben könnte, untergräbt, abschleift, einreißt, um einen noch tiefer sinken zu lassen, noch tiefer, noch gotteslästerlicher tief. Polyrhythmie, Polyverhöhnung, Polyverheerung: das ist der Stil des Meskalins und der Stil des Teufels.

Wenn das Schaupiel der Erotik menschlicher Körper nicht mehr gespielt wird, wenn auch das Schauspiel tierischer und pflanzlicher Besessenheit verschwindet, schließlich, nachdem auch die architektonischen und geologischen Ungeheuerlichkeiten mit ihren gigantischen Hirngespinsten aufgehört haben, wenn man gar nicht mehr weiß was man sieht, im höchsten Durcheinanderwogen aller möglichen, von unerwarteten, räuberischen Wechselbewegungen wie von plötzlich abbrechenden Riesengelächtern getroffenen und ergriffenen Formen, dann verliert man endgültig jeden Boden, dann erkennt man, daß man im Zickzacklauf

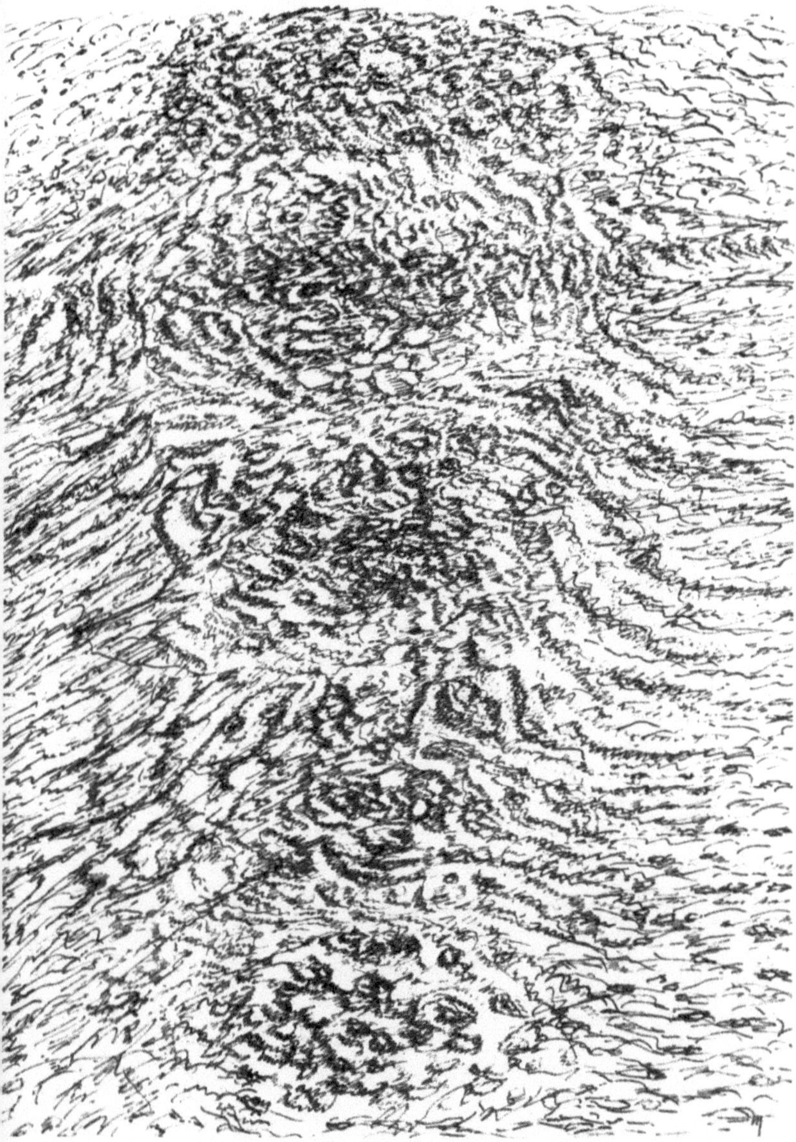

einer unergründlichen, wesenstiefen, aus Zerrissenheit unbestimmbaren Schamlosigkeit entgegengleitet, immer von einer Schamlosigkeit zu einer noch größeren Schamlosigkeit, die wiederum nach oben mehr Schamlosigkeit verrückt ist, so daß jede sich in einer noch größeren auflöst, in einer, die noch mehr darüberhinaus ist, noch vorurteilsfreier, und so fort ohne Ende.
Sogar im Bereich der Verworfenheit bleibt das Meskalin stets dem Unendlichen verschrieben.

Ich stehe auf. Ich will nicht mehr. Ich habe den tiefsten Grund berührt, Gott weiß in welchem Zustand ich von dort zurückkommen werde, wenn ich je von dort zurückkomme.
Ich will nichts mehr sehen, nichts mehr davon wissen. Ich muß jetzt aus dem höllischen Umlauf herauskommen.

ich entkomme dem höllischen Umlauf

Außerdem habe ich genug davon kennengelernt. Basta! Wenn meine Neugier gestillt ist, könnte mich nicht einmal der Teufel lange halten.
. . .
Na also. Zur Ordnung gerufen. Zu mir selbst zurück. Gelungen!
. . .
Achtung. Da ist etwas, das noch im Anwachsen scheint.

noch nicht beigelegt

Ein Brodeln, das noch nicht überwunden ist.

Soeben war ich zum erstenmal in meinem Leben vollständig, frenetisch, dämonisch auf der andern Seite (der Seite der Abartigkeit). Wie wird es mir beim zweitenmal ergehen?

Als ich eines Tages das Experiment des Wahnsinns erlebte (wie ich es im 5. Kapitel des Buches »Misérable Miracle« beschrieben habe), da hatte ich unablässige Anwandlungen zu töten, zu zerstören, zu verbrennen, zu zerschneiden, denen ich augenblicks widerstand, die gleich danach wiederkehrten, denen ich widerstand, die wiederkehrten, denen ich widerstand, usw. . . . Soeben aber ließ ich mich in einer Art Ekstase emporheben, ich geriet in einen Zustand des Schauens ohne oder fast ohne Widerstand zu leisten. Darin liegt der Unterschied. Man nimmt sich nicht beliebig aus der Ekstase zurück. Und jetzt, was tun? Ich fühle, ich werde vor nichts zurückschrecken. Das ist alles. Nichts Deutlicheres. Kein Spaß, das; aber woher wird die Gefahr kommen?

was bereitet sich vor?

Ich versuche einen leeren Raum zu schaffen, die vollkommene Leere in mir, und ihn zu bewahren.

Ich überwache meine Gedanken, aus Furcht, irgendeine Person, die ich achte,

in diese Unwürdigkeit, die sich vorzubereiten scheint, hineinzuziehen.
Um mich abzulenken, erinnere ich mich daran, daß der Geruchssinn manchmal abnorm affiziert wird und die Gerüche dadurch anders erscheinen als gewöhnlich; ich nehme ein Parfumfläschen, das ich aus dem Orient mitgebracht habe, und öffne es.
Theater-Effekt!

das schwere syrische Parfum
sprang ein

Verderbnis
durch den Geruch

Aus der Phiole entwich das schwere syrische Parfum und sprang in die Handlung ein. Gotteslästerlich, ungeheuer, unwiderstehlich, wie ein fettes Lachen, das im stillen Schiff einer gotischen Kathedrale widerhallt, so sprang es ein, fegte mein Dasein weg (meinen Daseinsstil), und ich ließ es in mich hineingehen, über mich hinausgehen, ich umgab mich damit, ich klebte daran fest, ich ließ mich davon auf Abwege führen. Ruchlose Fleischwerdung.
Wie ein Echo auf dieses Parfum, eines jener kreuzweise zurückgeworfenen Echos, die von der Droge so eigenwillig realisiert werden, höre ich plötzlich aus einer gewissen Entfernung eine dunkle Frauenstimme. Mein Gott, hoffentlich bleibt sie in dieser Entfernung, aber natürlich ist es damit schon vorbei. Sie kommt auf mich zugestürmt wie eine Wilde im höchsten Grade der Geilheit,

und das Schnalzen ihrer Zunge, ihr vertrauliches Flüstern, der traumverlorene Hauch ihres Mundes, untergräbt meinen Widerstand. Man muß aber, man muß, man muß widerstehen. Es kann zwischen uns nichts geben. Während ich meine Haltung wiederfinde oder es wenigstens versuche, zieht sie sich aus, als ob sich das von selbst verstünde, sie zieht nicht nur ihr Kleid aus, sondern auch die Erziehung, den Anstand, die Zurückhaltung, die gesellschaftlichen Konventionen, all unsere auf Distanz gegründete Freundschaft, im Handumdrehen hat sie das alles abgeworfen wie ein einziges Hemd.

Und das Lachen! Dieses Lachen! Hat sie je vorher so zu lachen gewagt, ein solches Lachen zu zeigen, auszustoßen gewagt.

Profanisierung! Das hab ich nicht gewollt.

Wir stehen einander gegenüber, nicht wie die Frau vor dem Mann und der Mann vor der Frau, sondern wie irgendetwas Unvereinfachtes, etwas Ähnliches wie mit entgegengesetzter Elektrizität geladene Massen, wie Flüssigkeiten, die sich kraft einer physikalischen Gesetzmäßigkeit verbinden und vermengen müssen. Die Schamlosigkeit des Dämons in ihr, der Sturmstoß, der in einem einzigen Augenblick alles, was sie vorher war, hinweggerissen hat, den alten Glauben, dem sie verbunden war, und alles übrige, das ist ganz unerhört, und obwohl ich keine Bewegung mache, bin ich entschieden mitschuldig.

Der Nihilismus dieser Schamlosigkeit, die höllische Ansteckung, der sie zum Opfer fiel und die sie in einem Augenblick zersetzt zu haben scheint, müßte sie allen denen unkenntlich machen, die sie am besten kennen, und scheint gewissermaßen rückläufig sogar noch ihre Kindheit zu beflecken, sogar noch die Erstkommunikantin, die sie einmal gewesen ist, an jenem Tage der Verwandlung ihres Lebens. – Jawohl, jetzt hatte sie die Verwandlung ihres Lebens!

nein, nein,
es darf nicht sein
es darf nicht sein
es darf nicht sein

Der Gott-Auszieher hatte funktioniert. Unser geheimes niederes Einverständnis wurde wirksam, hielt uns wie in einem Faßreifen umschlossen. Es darf nicht sein!

Man mag sagen: »Jedenfalls ist das doch nur in der Einbildung geschehen.« Aber die Einbildung in diesem Intensitätsgrad ist hundertmal realer als die Realität. Sie ist deren Wesen und Macht, für immer unvergeßlich, »der Ewigkeit geweiht«.

Es darf nicht sein. Rasch gehe ich zum Fenster, öffne es weit, und die Helligkeit, die meinen überempfindlichen Augen ungewohnt ist, und die frische Luft, die mir eine Erkältung einbringen wird, beide tun mir gleichzeitig weh und vertreiben meine Vision, ja beinahe die Gegenwart selbst. Es ist mir gelungen. Ich komme zurück und strecke mich ermüdet aus. Diese Bremsgriffe sind anstrengender als alles. Irgendetwas schleppt sich noch in mir herum, aber unbestimmt. Ich finde mich nicht mehr zurecht. Ich habe bewirkt, daß sie nicht mehr da ist, und ich scheine es doch irgendwie zu bedauern, als hätte ich eigentlich bis zum Ende durchhalten sollen. Feig oder nicht feig? Auf welcher Seite ist die Feigheit? Im gewaltsamen Anhalten oder wenn ich weitergemacht hätte?

ich habe
einen Prozeß
unterbrochen
Das muß man
immer büßen

. . .

Weit davon entfernt, wieder ruhig und passiv geworden zu sein, fange ich jetzt zu spielen an. Sieh an, das kommt mir zum erstenmal vor, und es ist wirklich ein komisches Spiel, was ich da erfinde, Ein Narrenspiel, das mir durch den Kopf geht, ich weiß nicht wie; ich spiele nämlich, meine Hand weit wegzuwerfen (geistig und in der inneren Schau), weit weg, so weit wie möglich, immer weiter und weiter, phänomenal weit . . . so weit, da hast du's, daß ich sie jetzt verloren

ich spiele
meine Hand
weit weg zu werfen
immer weiter
und weiter

habe. Idiotisch! Ich muß sie wiederfinden. Eine Hand im Weltraum wiederfinden wollen! Ich sehe sie nicht mehr. Werde ich sie jemals wiedersehen? Ich habe Angst. Weil Erotik die Angst vertreibt und ich den Weg dahin jetzt kenne, frage ich mich schon, ob ich ihn nicht wieder einschlagen soll. Während ich noch zögere, halb schon gewillt, finde ich meine Hand. Oho! Seien wir vorsichtig. Halten wir uns ruhig.
Nicht spielen unter Meskalin-Einwirkung. Nie wieder. Meskalin ist immer maßlos, geht mit Höchstgeschwindigkeit drüber hinaus, drüber hinaus, drüber hinaus, das ist kein Spielgefährte für einen Menschen.
Versuchen wir mal zu zeichnen.
Zeichnen mit roter Kreide.

das Zeichnen bewirkt in mir eine Rückkehr zur Hand und zum Gesicht

Die Tätigkeit des Zeichnens vermehrt im höchsten Grade meine Gegenwärtigkeit in meiner Hand und in meinem Gesicht, denn ich habe die Gewohnheit, mehr an das Gesicht der anderen zu denken als an ihren Körper.
Mein Gesicht, das ich seit Stunden vergessen und verloren hatte, jetzt ist es, als bahnte ich mir einen Durchgang zu ihm, als stellte ich mich dicht hinter ihm auf. Drehung des Lenkrades, die mich zurückführt aus dem All und aus den Abenteuern zu meinem Gesicht.

Ich komme zum Gesicht, so wie ein Schwimmer nach dem Tauchen zur Oberfläche kommt. Aber ich fühle mich da nicht wohl, nicht wohnlich.
Grauenvolle Zeichnung eines Gesichts, ich sehe, was für Verheerungen es erlitten hat und noch erleiden wird, und alles was in einem Gesicht verwundbar ist, will die Unordnung, den Zerfall, die Auflösung ausdrücken, die ich auch sonst überall empfinde.
Ein Kopf, den manche später nur mit größter Scheu betrachten werden. Ein Kopf, mehr elend als pathetisch, Kopf eines Gesetzlosen, eines gebrochenen Mannes, der zu allem bereit ist und den das Drama ruft ...

nachdem das Zeichnen aufgegeben wurde, verschwindet wieder das Bewußtsein im Gesicht

Ich gebe das Zeichnen auf; es ist wie das Bewußtwerden eines Unheils. Nun gibt es kein Gesicht mehr, kein Bewußtsein weder eines Gesichts noch eines Unheils. Ich wende mich zurück in meine jetzigen Zentren, meine jetzigen Bleiben.
Nicht sich festlegen im Meskalin. Seine Freiheit behalten.
Was habe ich mir heute schon für gute Ratschläge gegeben; aber reichlich spät. Wieder einmal zu Ende das Abenteuer und die komische Feuerprobe des Satanischen. Werde ich diesmal sagen können, wie der Yogi von der tantrischen Lehre:

»Unzugänglich den Schwängerungen,
sich freuend an jeder Freude
an alles rührend wie der Wind
alles durchdringend wie der Äther
bleibt der Yogi stets ein reiner
Badender im Fluß
Er freut sich an jeder Freude und kein
Übel beschmutzt ihn.«[1]

Nein, ich konnte nicht so sprechen. Ich mußte mich von verderblichen Einsickerungen reinigen[2].
Ich hatte Schaden genommen.
Als ich die gemeine Häßlichkeit der Zeichnungen ansah, die ich als Besessener gemacht hatte, begann ich mich ernsthaft aus dem Leim herauszuziehen, mich angewidert abzulösen von diesem Nachmittag, der mir unvergeßlich erschienen wäre, hätte ich auch zehn Leben gelebt.
Erste Zeit der Entgiftung.
Zwei Monate später, als ich ans Meer gefahren war, hatte ich an einem frischen Herbstabend dem schneidenden Seewind standzuhalten und dem bewegten, Energie weckenden Meer, und mußte auf andere Kraftreserven zurückgreifen, als jene trübe Atmosphäre mir bieten konnte, die ich noch in mir weiter-

1. Kularnavatantra, IX
2. Denn das erotische (satanische) Bad ist ein hypnotisches Bad.

schleppte. Ich hielt stand, wie es sein mußte und wie es meiner Natur entsprach, und da trat jene schroff abweisende Seite meines Wesens wieder hervor, die mir acht Wochen lang gefehlt hatte. Seitdem habe ich den Eindruck gehabt, daß diese Haltung sich noch steigerte, daß Härte und Widerstand gegen jedes Zerfließen meine Parolen seien, meine guten Kameraden und mein Ziel. Aber zwischen sie und mich sollte sich nochmals etwas dazwischenschieben . . . eine Behexung, in gewisser Weise die Fortsetzung der eben geschilderten.

Versuch 6

Kleine Dosis mehrere Male

Übelkeit. Brechreiz.
Als ich mich eine Minute abgewandt habe, um eine Zeitschrift über abstrakte Kunst aufzuschlagen, empfange ich den Eindruck einer Reihe von Säbelhieben.
Keine Fortsetzung.
Der Kopf ein wenig pappig.

Schlechtes Aufwachen Dösigkeit verdächtige Beklemmung

Ich weiß nicht, wohin ich den Blick lenken soll, wohin ich das Meskalin lenken soll.
Übelkeit einer mir noch unbekannten Art.
Bin noch etwas schläfrig. Habe seit gestern Morgen, trotz der Müdigkeit, die mich schwächte, nur etwas Kräutertee zu mir genommen. Dösig.
Ich rieche an meinen Fingern den charakteristischen Geruch des Meskalins, das ins Blut übergegangen ist.
Der Überzustand – eigentlich müßte ich mitten darin sein.
Was geht vor?
Unzuverlässige Droge, die sich jedesmal ein wenig anders verhält.

Anzettelungen hinter meinem Rücken

Als wenn irgendetwas hinter meinem Rücken angezettelt würde, ohne daß ich es beobachten könnte. Statt zu schlafen, sollte ich doch irgendetwas tun. Die Zeit vergeht (wenig Zeit, wie bei einem Unfall,

bin nicht mehr im Treffen »man« hält mich abseits

aber man fühlt sie sehr schnell vergehen). Endlich entschließe ich mich, ich stehe auf. Seit Jahren trinke ich keinen Kaffee mehr, jetzt will ich mir rasch einen bereiten, und einen starken. Ich muß da sein. Ich bin wach genug für bestimmte Leistungen meines Daseins, bei denen ich Wachsamkeit und sogar Überlegenheit bewahren muß. Wie ein halb erstickter Mensch Atem holt, so eilig trinke ich meinen Kaffee und schütte mir in meiner Hast etwas davon über die Hände. Ein anderer Geruch. In einigen Minuten wird es besser gehen. Ich glaube, ich werde das Schlimmste vermieden haben. Und doch, wenn dieser Kaffee nur etwas schneller wirken wollte! Ich spüre, wie er seinen Weg nimmt in meinem Herzen, in meinem Körper. Aber die Verstärkung trifft nicht mehr rechtzeitig ein. Jetzt werde ich – was? Ausgestrichen?
Ich muß mich so schnell wie möglich sammeln, bestimmten Umriß annehmen. Ich greife nach einer Zeitschrift, und ohne sie überhaupt erst zu öffnen, betrachte ich das erste beste Photo, das auf dem Umschlag, denn ich möchte eine Beziehung herstellen, die mir eine Richtung gibt, mich zur Stellungnahme zwingt und mich rettet.
Es ist das Bildnis eines munteren jungen Mädchens, leicht lächelnd, besonders mit

den Augen, in denen ein kleines Licht der Vergnügtheit blitzt.

»Ich« – nicht mehr da.

Ich betrachte sie und betrachte sie nicht; uninteressiert. Ich warte auf meine Verstärkung. Und da geschieht es, auf einmal, daß »ich« nicht mehr bin: wie in einer Falltür verschwunden, die offen war, ohne daß ich es wußte, und wo ich hineinfallen mußte. Unerhört!

Erst als ich die Zeitschrift wieder zur Hand nehme und das Mädchen nochmals betrachte, begreife ich. Sie ist ich geworden.

Sogleich springe ich vom Bett herunter und laufe zur Küche, um mir eine Tasse Neskaffee zu machen, die ich herunterstürze. Aber das Unheil ist geschehen.

Ich versuche meine Fassung nicht zu verlieren.

Eine Weile lang bin ich in schrecklicher Verlegenheit, verzweifelt, ich versuche alles anzuhalten, Gedanken, Impulse, sogar die Atmung, als könnte ich das Unheil und die Okkupation durch die Unbekannte abwehren, indem ich die Funktionen des Lebens, deren auch »sie« bedarf, um in mir leben zu können, bis zur äußersten Grenze des Möglichen stillege. Halb ersticke ich mich selbst. Kindliches Verhalten!

Sollte dies nicht, sagte ich mir (und um so merkwürdiger, als ich noch keinerlei Zuneigung für das junge Ding empfinde –), sollte dies nicht jene berühmte Verschmelzung der Seelen sein, von der so viele Liebende geträumt haben, in aller Aufrichtigkeit, wenn sie sich danach zu sehnen glaubten, in der geliebten Frau aufzugehen, während sie doch nur danach verlangten, selbst zu sein, verliebt in sie, aber nicht auf sie zurückführbar.

Dennoch dachten sie immer daran, sich in ihr aufzulösen, die Narren. Wenn sie wüßten! Mädchen zu sein, wenn auch nur für fünf Minuten! Ich werde mich an diese fünf Minuten erinnern!

Das Bad ihres sanften Körpers, ihrer gleichmäßigen Natur ohne Rauheiten fühlte ich im Innern des meinigen, an dessen Stelle er versetzt war. Bestürzende Identifikation! Aufschwünge, Spannungen, Schärfen schwammen in ihrer weiblichen Natur, vernichtigt, jede Spitze verschwunden. O dieser schwammige weibliche Wunsch zu gefallen! Ihn in sich fühlen, flüssig, milchig, gegen meine Natur, schwindelerregend, davon überschwemmt zu sein, und diese Geduld und diese Bereitschaft, recht erkannt zu werden, umschmeichelt zu werden, verwöhnt, gepriesen. Wenn sie wüßten, und auch, was das alles ausschließt! Verführerischer Zustand, voll Zauber, wenn man gegenüber ist, aber in mir empfinde

Die totale Identifikation

ich ihn als unwürdig, ich möchte ihn so rasch wie möglich wieder verlassen.
Und wenn das so bliebe? Ich kann mich so nicht hinnehmen, mich so nicht zeigen (alles was damit zusammenhängt, was ich in dieser Minute entdecke). Werde ich mich töten müssen?
Aber Meskalin verwandelt sich, Meskalin dreht sich immer schnell weiter, Meskalin ist niemals fixiert.
Machen wir keinen Fehler. Ich rege mich zu sehr auf. Die Waage, die nach der einen Seite hin vollständig niedergezogen war, gleicht sich wieder aus. Der Kaffee wirkt. Er weckt mich. Könnte ich ganz und gar aufwachen!

Identifikation: intermittierend, diskontinuierlich

Das wechselt, das wechselt immerfort; jetzt ist es, als sei mir durch eine letzte Vergünstigung in dieser Stunde, da das Drama der Person gespielt wird, die Wahl gelassen, sie zu sein oder ich zu sein, oder vielmehr die Entscheidung, ob sie ich sei, oder ich selbst ich sei, und als wäre die Wahl zwischen der einen und der andern Möglichkeit mir deutlich und abwechselnd (und wiederholungsweise) überlassen und vorgeschlagen, bald die eine, bald die andere, sehr schnell und ohne Pause. Eine beispiellose Situation.

Beginn des Ablösungsvorgangs in Unterbrechungen

Für Augenblicke begann ich wieder das Mädchen anzusehen, um unseren Fall

Widerstand: diskontinuierlich, alternierend

besser zu verstehen, auch aus dem Vergnügen, mit dem Feuer zu spielen, und weil dieses junge Fräulein in den Momenten (alle zwei bis drei Sekunden, nehme ich an), wo ich ganz ich selbst wurde, mir sehr gefiel. In den anderen Momenten fand ich mich gegen meinen Willen von einem unangenehmen, trüben, weiblichen Gegen-Ich erfüllt, ein auflösender Zauber, der mich ganz und gar nicht bezauberte, ein Zustand jedoch, zu dem ich (wenn ich dazu gezwungen war) mit einer neugierigen und jedesmal weniger furchtsamen Aufmerksamkeit zurückkehrte, jetzt, da ich zu ahnen begann (in meinem Unterbewußtsein), daß alles bald zu Ende ginge und ich, wie ich mich kenne, später bedauern würde, nicht gehörig beobachtet und nicht mit genügend Aufmerksamkeit bei einer so einzigartigen, beinahe begnadeten Gelegenheit erlebt zu haben, was normalerweise Männern nicht erfahrbar ist.

Mehr und mehr wirkte sich der Kaffee aus. Ich richtete mich in mir selbst auf, und von meiner Müdigkeit befreit, richtete ich mich auch auf dem Diwan auf und begann mit mehr Freiheit darüber nachzudenken, woher mir jetzt wohl Verstörungen drohen könnten und welche es genau wären.

Ich begann mich zu fragen (das wird nur denen absurd erscheinen, die nicht wissen, welche gewaltige Macht das Wort im Meskalinrausch hat), ob der Zustand, in den ich versunken war, nicht durch eine Überlegung ausgelöst worden sei, von der ich mich erinnern kann, daß ich sie unter anderen angestellt hatte: »Werde ich mich nicht fassen lassen?« wobei ich an den Wahnsinn dachte (von dem ich einmal befallen worden war)[1],

das Sperr-Bild

Aber aus dem Wort ist ein Bild geworden, ein Sperr-Bild, und es mußte mir wohl den allgemeinen Eindruck verschaffen, daß ich mir selbst entführt werden solle. Tatsächlich hatte ich mich »herausgerissen«, »erfaßt« gefühlt, schon bevor ich das Mädchen sah, das sich nur zu zeigen brauchte, um das Subjekt dieses Tätigkeitswortes zu werden und eine Person einzufangen, die bereits darauf vorbereitet war, von sich selbst abgelöst. Immerhin sind die Nebenbedeutungen schon in den gewöhnlichen Gedanken so zahlreich, und so unendlich vermehrt unter Meskalin, daß man ein Schuldiener sein müßte, um irgendeiner Erklärung vollen Glauben zu schenken.

Ich betrachtete indessen dieses anziehende Mädchen mehr und mehr mit

1. *Misérable Miracle,* Kapitel V

andern Augen. Ich hatte mich selbst wiedergewonnen. Also konnte ich sie lieben. Nach dem Wiedererwachen der Männlichkeit war aber keineswegs alles zurechtgerückt. Über allem schwebte noch eine Drohung. Ich war noch immer am Rande abgründiger Möglichkeiten . . . und ich hatte noch nicht mit ihr Schluß gemacht. Zwar war ich jetzt wieder auf die richtige Seite zurückgegangen, das Verlangen durchdrang meinen Körper, aber ich war vor ihr wie das Eisen vor dem Magneten: ein so wenig psychologisches Phänomen wie dieses mußte ich erleben. Es hatte den Ernst der Gesetze, die über die Steine und die Planeten herrschen.
Wir betrachteten uns.
Sie betrachtete mich.
Ich gehörte ihr.
Sie wußte, daß ich ihr gehörte.
Durch eine neue Teufelei hielt sie mich fest. Sie wußte es. Wie konnte sie so sicher sein? Ich fühlte in ihrem Blick den Einfluß, den sie auf mich ausübte, auf den tiefsten Grund meiner Wünsche und meiner Neigung für sie. Ich wandte mich ab, ich kam wieder zu ihr zurück. Ihr Blick sagte: »Nutzlos, du weißt es gut, auch du.« In der Tat gab es zwischen uns gleich eine Art Intimität, ein Vertrauen, ein Überfließen. Zwanzig

Jahre Zusammenleben hätten uns nicht so stark verbinden können. Sie verkündete mit ihrem Blick unsere »totale Vereinigung« auf immer. Auf immer? Darin irrt sie sich. Meiner darf man sich niemals sicher fühlen, niemals, keinem Fall, so stark der Anschein auch sein mag, nicht einmal mit Hilfe von Zauberkräften.
Ich versuchte mich zu fassen, in mir selbst über diese bizzare Bindung zu ratschlagen, die Grenzen zu erforschen (es mußte doch welche geben, wenn auch unbemerkte), die diesem plötzlichen Paar gesetzt wären, das wir, immer noch ein wenig gegen meinen Willen, bildeten. Da nahm auch sie (ihr Blick) ein prüfendes Aussehen an, bereit, die Dinge von höherer Ebene aus neu in Ordnung zu bringen, wenn auch immer mit dem gleichen Ziel.

Verwirrendes Zwiegespräch

Seltsames, verwirrendes Zwiegespräch! Ihr Blick redete, und ich verstand ihn, als wäre er ein Mund, der mit Worten zu mir gesprochen hätte, aber sehr schnell, und mit welcher unerhörten verführerischen Lebhaftigkeit!
Sie las unmittelbar in meinem Kopf. Darum konnte ich auch nicht lange widerstehen. Wir begannen ein fluidales Leben, Fluidum gegen Fluidum. Durch meinen Mund allein, der nicht gewußt

Liebestrank, der Zauber, der bindet

hatte, was er zu sich nahm, hatten wir beide zusammen den Liebestrank getrunken, den Trank[1], der bindet, den Trank, der unser vorbestimmtes Schicksal enthüllt, auf das man nicht gefaßt sein konnte. Vergeblich waren meine Bemühungen, mich zu bewahren, wie ich es doch so gut verstehe, wie ich es ganz und gar nicht mehr verstand. Ich war überwunden. Die Sekunde, in der ich zurückgewichen war, verging ohne Widerhall, sie vermochte nichts gegen dieses Sakrament, gegen diese Art von Verlöbnis, das in uns entstanden war und das uns im tiefsten gewandelt hatte. Gewiß handelte es sich um eine okkulte Bindung, und sie war durch Hexerei hergestellt, aber man sah keinen Ausweg.

1. War es reiner Zufall? Hätte der Anblick eines anderen hübschen Mädchens das gleiche unwiderstehliche Gefühl ausgelöst? (Gefühl oder Entropathie?)
Die neugeborene Gans hängt sich in solcher Weise blindlings an das erste Lebewesen, dem ihre Augen nach dem Ausschlüpfen aus dem Ei begegnen. Und wenn es auch irgendein Junge wäre, sie wird sich unwiderstehlich an ihn hängen und ihm nachlaufen, ihm mehr als irgendeiner Gans; trotz seines fremden Aussehens wird er für sie immer vertraut und einzig bleiben. (Sie wird hypnotisierbar geboren (!), in einem Zustand, der bereit ist, vom ersten besten beeindruckt zu werden.)

Unsere gegenseitige Übereinstimmung war ein Meer ohne Ufer. Die Unbekannte, jetzt bekannter als irgendeine, flutete in unaufhörlichen Wellen zu mir herüber. Ein Rest von Kampfreflex diente nur dazu, mich sanft erschauern zu lassen in der wunderbaren Weite unserer unsäglichen Einheit der stummen und körperlosen Geständnisse. Nichts Drittes zwischen ihr und mir. Der Blitzschlag, der uns mit Liebe schlug, hatte die Welt mit Nichtexistenz geschlagen. Wir genügten einander. Unsere Herzen im Einverständnis und die ganze übrige Welt zerronnen oder nichtig. Von uns selbst, einer vom andern, empfingen wir unser überhöhtes Dasein.

Und immer standen vor mir die Leuchtfeuer ihrer wunderbar klaren Augen, die mein für sie durchsichtig gewordenes Wesen wahrnahmen und von denen ich den Blick nicht abzuwenden vermochte. Dennoch, konnte sie es mir nicht gönnen, mir auch nur einen Augenblick für mich selbst zu bewahren? Einen einzigen Augenblick?

'hre Augen, mich wie Löschblatt aufsaugend

Nein, ihre Augen, die mich wie ein Löschblatt aufsaugten, ergriffen mein Denken an seiner Wurzel, sie ergriffen es anscheinend sogar im voraus, im Rohzustand, unvollkommen, bevor es mir noch ausgebildet schien, bevor es heraus war, und zeigten es mir schon in fertigem Zustand, das verwirrte mich und lieferte mich auf dem Gipfel meiner Bewunderung an dieses wunderbare Mädchen aus. Mochte sich in meine entzückte Erregung auch nur ein Schatten nicht einmal eines Widerstandes, nein, eines Abstandes einschleichen, den ich mich einzunehmen anschickte? Gleich war sie da, schon angelangt, über mich gebeugt, über die neue Neigung. Schön, schön. Ich gab also die Partie auf.

Gedanken, von denen ich noch gar nicht wußte, daß ich sie hatte, sah ich zuerst in ihren Augen, auf den Bildschirm ihrer wunderbaren Iris geworfen, der größer als alles war, Bildschirm und Himmel meiner neuen Welt.

Aber etwas in der Art, wie sie mit dem Blick (immer nur mit dem Blick, alles übrige blieb regungslos, eine außergewöhnliche Bühne) meine vorbehaltlose Unterwerfung unter unsere Liebe empfing, etwas im Ausdruck ihrer allzu offenbaren Freude, in der halb kindlichen Art, wie sie ihren Triumph genoß, ein ihr dermaßen eigener Genuß in ihren Augen, wo ein kleiner Anflug von Bosheit oder von Spott bestehen geblieben oder von neuem erschienen war, irgend etwas weckte mich auf, rief mich zu mir selbst zurück, zu der Scham darüber, von einem einfachen hübschen Mädchen gelenkt zu werden, und ich zog mich wieder etwas zurück, da verschwand der süße Triumph aus ihren hellblauen, fast grauen Augen, und ein Bedauern erschien darin, ein Bereuen des Fehlers, der dieses wenn auch winzige Abrücken verursacht haben mochte, das sie nicht ganz und gar für wahr zu halten imstande war, und ängstlich beobachtete sie mich, festgebannt. Ich nun aber, gerührt von ihrer flüchtigen und so köstlichen Traurigkeit, ließ mich meinerseits festbannen. Meine abermalige Umwendung, kaum am Horizont aufgetaucht, war mir selbst noch fast unbekannt, und schon war sie von ihr verspürt worden, in ihrer kommenden Vollendung beobachtet, und sie nahm wieder (zu früh) ihre nette kameradschaftliche Vertraulichkeit auf, die mich ein wenig beschämte, weil ich mich immer wieder ins Hintertreffen versetzt sah wie eine Schildkröte, die sich von einer listigen, lustigen Meerkatze überwacht weiß.

Zum zweitenmal habe ich den Zaubertrank zu mir genommen

Ich hatte wieder Meskalin genommen, ich weiß nicht mehr, welche Menge und zu welchem Zeitpunkt. In einer anderen Sphäre des Ich begann ich mich zu fragen, ob ich mich nicht – wie es bei Menschen vorgekommen ist, die in einer

autohypnotischen Sitzung dermaßen überzeugt waren, die Sprache verloren zu haben, daß sie sie nachher tatsächlich nicht wiederfanden (und man sogar einen Hypnotiseur in Anspruch nehmen mußte!) –, ob ich mich nicht bald in der gleichen Notlage befinden würde, um mich von diesem jungen Mädchen zu befreien. Wie lächerlich das wäre, da ich ja weder ihren Namen noch ihre Adresse weiß und keinerlei normale Beziehung zwischen uns bestand!
Ich geriet immer tiefer hinein. Würde ich unter der Abhängigkeit des Gesichtes der Zauberin bleiben? Ich wurde fast böse (auf mich, nicht auf sie), und darauf erschien an ihr eine Angestrengtheit, eine Schwächung ihres Glanzes, die mich rührte, und diese Rührung gab ihr sofort das Gefühl ihrer sicheren Gewalt über mich wieder, so als hätte es niemals den Schatten eines Schattens zwischen uns gegeben, die wir durch ein stillschweigendes Gelübde gebunden waren, das nie wieder in Frage gestellt werden könnte. So ergriff sie mich und ergriff sie mich wieder, und bald gab ich keinen Pfifferling mehr für meine Freiheit dieser hübschen Katze gegenüber, die so genau auf mich eingespielt war.
So verstand sie meine Rückzüge, meine Annäherungen, meine Preisgabe zu

lesen. Die neue Dosis Meskalin hatte uns noch mehr genähert. Zu sehr genähert. In dieser neuen Lage versuchte ich mich planmäßig abzusetzen, wenn ich so sagen darf, indem ich in meine Vergangenheit zurücktauchte, in mein vergangenes Leben, wo sie sich niemals befunden hatte und also auch nichts »fassen« konnte.

Unerhörtes Wunder! Sie folgte mir. Verdutzt sah ich sie, ohne einen Augenblick Verspätung, mit mir zusammen die Quellen meines Lebens hinaufsteigen, mir mein letztes Exklusiv-Eigentum stehlen, in meinen verborgenen Gewässern plätschern. Das war wirklich allzu ungewöhnlich.

Nun stand ich schön da mit meinen kläglichen Ränken.

Gestandnis durch eine Art Osmose unkontrollierbare Aussendung

Es gelang mir nicht, sie durch Episoden aus meinem früheren Leben loszuwerden, sie ergriff sie, sobald ich sie aufgerufen hatte, und sogar (wie soll man das erklären?) ein wenig vorher schon. Es geschah mir sogar, daß ich sie in ihr wahrnahm, deutlicher als in mir, und daß ich sie nur dort sah, in ihren großen feuchten, leuchtenden Augen. Sie rollte mich ab wie einen Film.

der Blick der Wahrheit

Allmählich bildete sie sich – ich fühlte es – eine ausführlichere Vorstellung von mir, von meinem Leben, meinen

ich sehe
in ihren Augen
mein Leben abrollen

Fehlern, meiner Schwäche, die sie mich sehen ließ, wie ich sie niemals vorher gesehen hatte, nicht aus einem Wunsch nach Überlegenheit, aber doch als einen Grund mehr, mich ihr rückhaltlos hinzugeben, damit gewissermaßen aus uns beiden zusammen ein neues Wesen entstünde, ein transfiguriertes, unverwundbares Wesen, dem nichts und niemand mehr etwas anhaben könnte.
Der Triumph in ihren Augen wurde stärker, und ich konnte nicht mehr aufhören, diese Augen zu betrachten, ich trank in ihnen all mein Wohl, alle Wonne meines Lebens, das sie mir stahl und in sich entrollte, wo ich es anblickte, so als wäre es mir halb fremd und nach und nach erst offenbart.

. . .

Alles was andauert, wird gefährlich, wird zu einer Einrichtung. Ich dürfte ihr nur nicht meine Augen ausliefern, in denen sie alle Erkenntnis von mir trinkt. Niemand ließe sich so etwas gefallen.
Aber einmal formuliert, schien der Entschluß mir soviel von seiner Kraft, seiner Wichtigkeit, seiner Bedeutung verloren zu haben, daß er mir nur noch wie ein ungefähres »Hm . . .« erschien, das man in einer Menschenmenge gehört hat, ohne zu wissen, von wem es kam, noch aus welchem Anlaß, und man wird sich

nicht danach umdrehen, es wird für immer versinken.
So schritten wir auf magische Weise der Einheit unserer beiden vermischten Wesen entgegen, in einer Liebe, die zwar kein Ertrinken mehr war, über die ich aber nicht einmal hätte nachdenken können, da meine Partnerin alle meine Gedanken einsaugte, mit derselben Schnelligkeit wie ich sie aufdeckte. Sie ließ mich nicht mehr aus den Augen, aus ihren lebhaften, leuchtenden Augen; diese beharrliche Liebende ließ mich nirgends hingehen als nur zu ihr.
Aber warum wollte sie *alle* meine Gedanken? Und ich – welche Schande, ihr so, auf diese magische oder metaphysische Art, die Entzifferung meines Wesens zu gestatten, ohne Unterlaß!
Ich sah nach der Uhr. Es war Mittag. Sieh an! So lange, wie wir zusammen sind: ich hätte geglaubt, Mitternacht. Sie schien peinlich berührt (natürlich, nach der Uhr zu sehen, alles was darin liegt und nicht mehr darin liegt!). Ihr Lächeln wurde ein wenig gezwungen, ein Lächeln um zu beschönigen. Sie war damit beschäftigt zu verlieren. Sie war nicht mehr jene, die aus mir trank.
Immerhin unglaublich geduldig, versuchte sie mich wiederzugewinnen, ihre Enttäuschung freundlich mit den Liebes-

reizen beruhigend, die sie, wie man sah, behalten hatte. Das gab mir neues Vertrauen zu ihr, denn schließlich war es ja doch nur unsere Liebe und unsere Vereinigung, die sie verteidigte und so hartnäckig bewachte. Ich ließ also meine Vorsicht fallen, und sofort wandelte sich ihre Engelhaftigkeit, wurde luziferisch, »um mich wissend«. Das ging so weiter in kurzen Duetten.
Rückwendungen, unterstützt vom Heimweh (schon?) nach der unsinnigen, totalen Liebe von vielleicht vor vierzig Minuten, aber man konnte nicht umhin zu bemerken, so absorbiert man gewesen sein mochte, daß man den Abhang jetzt hinabstieg und nicht mehr wieder hinaufsteigen könnte.

. . .

Vor dem Ende der Bezauberung

Achtung! Daß die unvergleichliche Liebe nicht entwürdigt wird! Ich beginne in ihren Augen einen Anflug von Vulgarität zu sehen (die meinige also). Man kommt zur Erde. Seien wir wachsam, daß wir nicht stürzen.
Als ich zerstreut an meinen Fingern rieche, spüre ich dort nicht mehr Meskalin, sondern etwas wie den Geruch von vermischten Körpern.
Begriffen. Die Trance, die uns so stark emporgerissen hatte, ist nun ihrem Ende nahe. Und so zergeht die unsägliche Ver-

einigung, deren Wonnen ich in ihren unaufhörlich entzückten Augen erblickt habe, in diesen Seelenseen, diesen Zauberspiegeln, die jetzt auf dem Wege sind wieder Augen zu werden, wenn auch immer noch schön, nicht gewöhnlich, durchdringend. Aber die Magie ist zu Ende. Die Natur kommt heran mit ihrem Eselstrott.

Wechseln wir also den Sektor. Ich bin doch nur wegen der Übernatur unter Meskalin. Ich versuche Visionen wiederzufinden. Viel Gefältel, wenige Farben, ich muß mich also im letzten Drittel der Intoxikation befinden. Streckungen, viele Streckungen. Müdigkeit. Ich möchte zurück zur Zauberspiegelei, zurück . . .

. . .

Über einem Gedankengang, über seinem bebenden Zentrum, das in der Zappelbewegung des Meskalins schwierig zu fixieren ist, mußte ich wohl in einen gewissen Halbschlaf hinübergedämmert sein . . . Nun höre ich die wiederentstehenden Geräusche. Ich erwache also. Wo bin ich angelangt? Um zu wissen, wie spät es ist, sehe ich nach dem Zifferblatt des Weckers, aber da ich vergesse, die Augen zu öffnen, sehe ich nichts. Ohne weiter darauf zu bestehen, verzichte ich. Müdigkeit größer als Neugier. Dennoch ist etwas Bizarres darin.

Ich überlege, suche das Rätsel auf den inneren Wegen, und endlich fällt mir ein, die Augenlider zu heben. Es ist 5 Uhr 25, ein Tunnel, aus dem ich in die gewöhnliche Wirklichkeit münde . . .

. . .

Ich überlege, ich überlege, diese Abwandlungen, diese Abwandlungen der Intensität, der Geschwindigkeit, diese Abwandlungen . . .

Um meine Gedanken herum flackert die Aufmerksamkeit und gibt nach und ertrinkt. Halbschlummer.

Halbes Erwachen.

Ich habe eben an den *andern* gedacht. Welchen andern? Den andern, der im Bett liegt (neben mir). Denn ich, der nicht körperliche, ich bin der Prüfer. Verdoppelung? Kaum, aber es war mir doch noch nie geschehen, daß ich mich (vollständig) neben meinem Körper fühlte.

. . .

Habe zeichnen wollen.

Gesichter, Gesichter, die zittern.

Gesichter mit zermalmten Knochen.

Ich geb's auf.

Müdigkeit.

Sehr kleine Dosis

Gegenwarten auf Wellen

Wellen-Küsse

Annäherung über die Brücke der Wellen

. . .

Kleine ungreifbare Anwesenheiten auf Wellen. Ich denke an J., die so leicht mitleidig wird, ich fühle etwas wie schwache aber doch wilde Küsse, kaum skizziert, hingeworfen, abgehackt, fliehend wie Drehungen auf kreisenden Schwalbenflügeln, in der Luft.

Zitternde, verwirrende Annäherung, so als befänden wir uns über hundert Meilen Entfernung im Einverständnis, sie und ich, durch diese gemeinsamen Brechungen, flüchtig wie Kinderküsse, aber wiederholt, wiederholt, in Erinnerung gerufen wie ein Heimwehgedanke, zu dem man immer wieder zurückkommt, unaufhörlich, unstofflich, dünner als ein Faden, dennoch zur natürlichen Brücke zwischen uns geworden, eine Brücke unendlich vibrierend wie wir selbst.

. . .

Ich sehe eine Eidechse in der Bibliothek, eine fast weiße Eidechse. Vielleicht ein Waran. Nein, es gibt keinen weißen Waran. Ist das sicher? Die in der Wüste schon ziemlich farblos. Und was sollte er hier machen? Ich kann nicht daran glauben. Suchen wir nicht weiter. Es gibt keinen Waran in meinem Zimmer. Man kann tausend gegen eins wetten, daß es keinen hier gibt. Und doch ...

Jedesmal wenn ich die Augenlider hebe, ist er da, er existiert, und erst in den folgenden fünf oder zehn Sekunden kann ich ihm das »Nein« der Kritik und der Vernunft auferlegen, und auch nur mit halbem Erfolg.

Eidechse oder falsche Eidechse?

Es kann keine Eidechse sein. Wie wäre sie hierhergekommen, so hoch herauf? Ich hätte sie gesehen, gehört. Im Halbdunkel kann ich nichts mit absoluter Sicherheit ausmachen, und ich will nicht aufstehen, mich nicht anstrengen, mich nicht ermüden, eine Aufmerksamkeit, die anderswo wertvoller ist, nicht in Bewegungen verzetteln. Und wozu auch? Keinerlei Umstand verleiht der Möglichkeit Gewicht, daß diese Eidechse eine echte Eidechse ist. Sie kann nur falsch sein. Blicken wir anderswohin. Immerhin, sobald ich die Blicke in diese Richtung lenke, verfehlt sie nicht, mich von neuem mit ihren kleinen kalten Augen anzusehen. Das ist nicht eigentlich eine Halluzination, die Dosis Meskalin war zu schwach dazu, sondern es ist, unaufhörlich wiederauftauchend, die Erscheinung einer Echse, deren Existenz ich nicht weniger unaufhörlich in den darauf folgenden Sekunden ableugne, um sie ein paar Augenblicke später wiederzufinden, die Wiedergekommene, unzweifelhaft eine Eidechse, und ich muß Beweise führen gegen ihre Existenz, ich muß vernünfteln, zehn-, zwanzig-, dreißigmal, bis ich nicht mehr kann . . . Zu ärgerlich. Ich stehe auf . . . Und hätte sie auch nur die allerwinzigste Chance, echt zu sein, ich kann keine Eidechse in meinem Zimmer beherbergen, wo ich allein und aufgeregt bin . . .

Die Eidechse war nur ein Stück zerknittertes Zeitungspapier. Ich nehme es weg, weiß aber, daß sie nicht verfehlen wird, trotz allem wieder zu erscheinen, trotz meines besseren Wissens, trotz des erbrachten Beweises.

Ich fühle etwas Unangenehmes auf mich zukommen. Was?

Habe eine alte Gouache von mir ausfindig gemacht, die mich heute, fern der Wand wo sie hängt, hinreißt, hinreißt wie ich nicht hingerissen sein möchte, in eine Wirbelbewegung hinein, die sie angibt, die ich jetzt in mir unwiderstehlich vollziehe und nachvollziehe.

Das fleischgewordene Wort

das Wort Wirbel erschafft den Wirbel

Das Wort »Wirbel«, an das ich denke, gibt dieser Bewegung einen neuen beschleunigenden Stoß, dessen ich nicht bedurft hätte, es bringt sie zu einer plötzlichen Schräglage in ihrem schwindelerregenden Schwung.

das Schreckliche ist
daß man ihn
nicht sieht
man weiß nur
daß er da ist

Erregung
einzig und allein
geistig
ohne Äußeres,
ohne das Herz,
ohne den Unterleib,
ohne Schweiß

entkörperlichte
Erregung

Teufel! Wann werde ich daran denken, daß ich niemals ein beschwörendes Wort aussprechen darf? (Na, schließlich weiß man nicht immer vorher, welche beschwörend sind . . .) Ich stecke eine Lampe an. Ich stecke eine zweite an, – eine dritte. Noch eine. Noch mehr Licht kann man nicht machen. Die gut erleuchteten, deutlichen und wirklichen Möbel vermögen nicht den Wirbel auszugleichen, mit dem sie nichts zu tun haben, denn es ist weder ein physikalischer noch ein physiologischer, es ist ein wesenhafter Wirbel, ein metaphysischer Wirbel, der schlimmste von allen. Wo ist er? Es wäre falsch, ihn abstrakt zu nennen, obgleich er den Sinnen vollkommen unerfaßbar ist und ganz das Gegenteil des gewohnten Konkreten.
Er ist das fleischgewordene *Wort*, er ist das *vollzogene* Wort, und die Aura dieses Wortes und sein Sinn, und die Aura seines Sinnes, und die ganze Folge von Empfindungen, die es mit sich zieht, dieser ganze Aufmarsch *gegenwärtig gemacht,* erlitten, in einer ausschließlich geistigen Panik, wo das Herz weder schneller noch langsamer schlägt, wo der Atem weder beengter noch befreiter geht. Verurteilt zur Wirklichkeit eines einzigen Wortes.
Die trockenen Scheite im Kamin knallen,

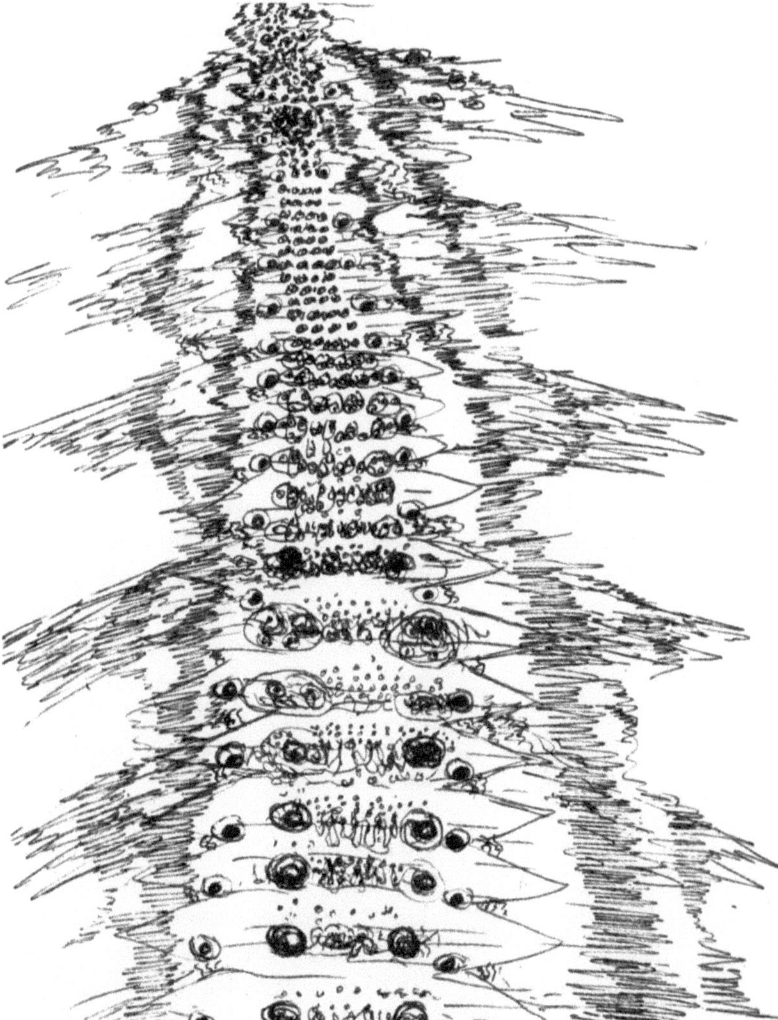

und man hört sie wie Kanonenschüsse auf einem napoleonischen Schlachtfeld; so vermehren sie das Unwirkliche, das Außerhalb der Zeit.
Meinen überempfindlich gewordenen Augen tun die Lampen weh. Ich lösche sie mit Ausnahme einer einzigen. Das ist noch schlimmer. Das ist beängstigend. Sie läßt mich hinabsinken in den Verlust des Ich. Wie ist das möglich? Eine ganz einfache Lampe, die einen milden Kegel um sich herum verbreitet!

die Lampe des Wahnsinns

Ich bin drin. In diesem ärgerlichen Moment ruft sie mir den Wahnsinn in die Erinnerung, sie wird selbst zum Bild des Wahnsinns: ein erhellter Kreis und alles übrige im Halbdunkel. Das ist es: der Zauberkreis, aus dem man nicht mehr herauskommt, wo dir ganz allein etwas erscheint, das dich von allem übrigen abtrennt. Das ist es, der Strick um den Hals, alle Welt kann es erkennen, nur du nicht.
Sobald ich das begriffen habe, lösche ich die Lampe, ich öffne ganz weit die Fensterläden, die Vorhänge und das Fenster. Das Draußen erscheint. Es gibt also noch ein Draußen! Die Blätter der Bäume, die Blätter, die nicht ich sind, die nicht unendlich sind, die nicht in einem Wirbel sind, die ruhig sind. Lebendig, aber

ruhig. Und die Luft um sie herum, die sanft ist. Gerettet! (beinahe).

...

der Rachen des Abgrunds Ich falle hinein

Eben habe ich Verikardin genommen. Feigheit, weil die Dinge ja in Ordnung kamen. Nicht sicher! Und siehe da, wie ich mich in meinen Augen entschuldigen will und mich rechtfertigen, weil ich ein Beruhigungsmittel eingenommen habe, und wie ich mir die Übelkeit von vorhin zurückrufe und die Empfindung, die mich ergriffen hatte, als wäre ich am Rande ... nein sogar schon im Rachen des Abgrunds gewesen, siehe da – es ist unerhört – im gleichen Augenblick (unheilbarer Dummkopf, der ich bin) schnappt das Schloß des Wortes zu, der Rachen des Abgrunds, und ich bin drin, ich habe mich selbst hineingebracht, ich bin drin eingeschlossen, im Rachen des Abgrunds, der sich durch meinen vollzogenen Vergleich verwirklicht hat. Ich habe mich selbst hineingesteckt.

das Schloß des Wortes schnappt zu

Man muß da hindurchgegangen sein, um die Schnelligkeit der Auslösung zu kennen, den Blitz, den haarsträubenden Automatismus, so als wenn ein architektonischer Grundriß sich *augenblicklich* in das Bauwerk umsetzen würde, das er darstellt, vollständig, fertig. »Es werde Licht!« Und es ward Licht. Hier aber hieß es nur »Licht« ohne Zusatz, ohne

Befehl, ohne Wunsch, doch das genügte. Aber das Licht ist hier »Abgrund«, und der Abgrund öffnet sich sofort, und ich plumpse hinein.

Alles läßt sich hier vollziehen, alles strebt danach, Ding zu werden, Gegenwart zu werden. Heimat des Glaubens. Die Gefahr des Meskalins ist der Glaube, der unsinnige, unmittelbare, totale Glaube, den es einflößt, der Glaube, der die Besucher so überrascht, wenn sie die Geisteskranken reden hören: »Es ist nicht möglich, daß sie an ihre absurden Vorstellungen glauben.« Der Glaube ist genau das am wenigsten problematische Problem. Was erscheint nach der Erfahrung mit Meskalin natürlicher als der Glaube? Der Wahnsinn ist ein Teilbezirk des Glaubens. Hier läßt das Wort Abgrund nicht mit sich spaßen. Man kann sich nicht aushaken. So kann der Irre sich nicht aushaken. Hütet euch zu glauben.

Man kann dem Aufruf zum Glauben nicht widerstehen

von der Krankheit des Glaubens befallen

Nun versuche ich eine List. Ich fange an, Photographien aller Art zu betrachten, durcheinander, in der Hoffnung, eine von ihnen werde mich einfangen, wie es mir so oft geschehen ist, mir Glauben an ihre eigene Wirklichkeit einflößen, mich auf diese Weise aus dem Abgrund herausziehen, der, wie ich wohl weiß, nur ein Glaube an den Abgrund

ist. Das schlägt nicht an, so als handelte es sich darum, zu einem Glauben niedrigeren Grades herabzusteigen. Der Glaube durch das Wort ist, ich habe es oft bemerkt, stets totaler, der Kritik gegenüber widerstandsfähiger, verborgener und tiefer als der Glaube durch gemalte oder photographierte Bilder. Weiträumiger auch. Der Glaube durch das Wort – man kann nicht alle seine Verheerungen umreißen, unsichtbar, unkritisierbar, undurchdringbar, unerfaßbar, unabwendbar wie sie sind, die Verheerungen durch die innere Zustimmung.
Je unsichtbarer das Beschworene ist, um so gefährlicher ist es.

Eben habe ich mit G. telephoniert, um für den Fall, daß es schlimm kommen sollte, mit jemandem Kontakt aufzunehmen.
Gleich nachdem ich wieder aufgelegt habe, heben und senken sich Hunderte, Tausende von Kolben auf den Fliesen, ins Unendliche. Famos! Aber Kolben! Trotz der Seltsamkeit, des Unerwarteten, brauche ich nicht sehr viel Zeit um zu

die stotternde Fabrik

erkennen, was dahinter steckt: umgeformt, meskalinisiert, wildwütig, mechanisch und visuell geworden, ist es nichts anderes als das Stottern von G., der zweifellos ein wenig aufgeregt war, mich in Schwierigkeiten zu wissen, bei einigen seiner besorgten Fragen. (Das Meskalin stellt ja den *reinen* Vergleich her, rein von jeder Überleitung und jeder Anordnung.) *a* . . . (nicht mehr erwähnt) ruft *b* . . . (sehr verschieden), und an uns liegt es, die Ähnlichkeit herauszufinden.

Und das also war der Ausgangspunkt für diese ungeheure Freilichtküche mit den sinnverstörenden Kolben, hoch, tief, hoch, tief, hoch, tief, hoch, tief! Dieses verblüffende und närrische Bild, die industrielle Replik des Stotterns, eine Art Inszenierung als Science-Fiction, erinnerte auch (wenn das etwas besagt) an ein Konzert aus Detonationen, von denen man nicht das Geräusch, sondern ein Äquivalent in »Bewegungen« wahrgenommen hätte.

Wer nicht durch das Meskalin hindurchgegangen ist, kann die Wildheit und die Narretei nicht bis zu diesem Grade und so im gestreckten Galopp kennen lernen. Doch war ich bald davon ermüdet (nachdem ich zwar nicht gerade gelacht, aber doch gedacht hatte, wenn ich es nur zeigen könnte, dann müßte es den ganzen Erdkreis zum Lachen bringen) und etwas beschämt gegenüber einem Kameraden, der immer so freundschaftlich zu mir war, und ich versuchte, um diese

kleine Krater öffnen sich im Antlitz des ungerührten Buddha.

alberne Verirrung abzuwehren, intensiv an einen Buddhakopf zu denken. Tatsächlich erschien er mir, weiträumig wie ein Feld, aber ohne im geringsten die lächerliche Detonationsmanie zu stillen, die in seinem erhabenen Antlitz weiterzappelte, das unablässig von Hunderten von Blasen durchdrungen wurde, die sich erhoben, sich senkten, zusammenfielen, sich erhoben, in kleinen Kratern zerplatzten und piff piff piff machten in seinem heiligen Antlitz. Die Zappelbewegung war extrem und ging auf der Stelle vor sich, aber die Züge des Großen Schauenden bleiben ungerührt.

Da nun der Beweis geliefert war, daß die Beschwörung möglich ist, gehe ich dazu über, Tiere heraufbeschwören zu wollen, was mir bisher nur ein einzigesmal und sehr kurz gelungen ist.

Beschwörungen von Tieren

Heute aber wunderbarer Erfolg. Kaum habe ich mich dazu entschlossen, die Beschwörung eines Vierfüßlers zu versuchen, und sogar noch bevor ich meinen Willen in Anwendung gebracht hatte, erscheint ein Vierfüßler. Riesenhaft, seine vier Pfoten, die ihn in eine extreme Höhe versetzen.

Die Erscheinung hat etwas Theaterhaftes, wirklich sehr wenig Natur. Mehr eine Illustration des Wortes.

Das Meskalin macht nie Natur.
Die kennt es gar nicht.
Es ist Komponist und Mechaniker.
Vier Pfoten, das ist so ungefähr das Richtige, um einen Vierfüßler zu machen.
Wie ich noch bedaure, nicht wenigstens außerdem noch den Schwanz zu sehen, erhebt sich augenblicks aus dem Hinterteil eines plötzlich enthüllten gewaltigen Affen, mit einem einzigen Wurf, ein gewaltiger Schwanz, der mich buchstäblich zurückprallen läßt, so nah schien er sich mir direkt unter der Nase zu erheben, ein Schwanz, in einem Augenblick aufgestellt, der mich, hätte er mich getroffen, wie einen Bleistift umgeworfen hätte.
Allgemeine Belebung. Dinge, Tierglieder, in einer kinetischen Betrunkenheit, durchqueren pfeilschnell, in Zebrastreifen, von allen Seiten das Gesichtsfeld.

. . .

Indessen habe ich wieder Scheite auf das Feuer legen müssen. Ein Höllenfeuer, sage ich mir mit ziemlich starker Übertreibung, aber an Stelle dieses mittelmäßigen Feuerchens erlebe ich ein Höchstmaß von gewundenen, züngelnden, hochsteigenden, sauerstoffgierigen Flammen, die bald selbst dieses feuchte, erdverhaftete Holz einer fast dionysischen Besessenheit, Wut und Begeisterung

dionysisches Feuer

teilhaftig werden lassen. Aber was ich will, ist erschaffen. Versuchen wir also, Finger zu sehen.

Unverzüglich, dem Anruf folgend, schießen von allen Seiten Finger herbei, ein Abspringen von Fingern, ein Hervorsprudeln von Fingern, Schreie von Fingern. Heureka! Diesmal habe ich gefunden, es ist mir gelungen! Noch ein Versuch, und ein anderer, und noch einer! Das wird zu einem Spiel, wenn es auch immer ermüdend bleibt, ein Stamm-Bild aufzupflanzen, aber wenn mir das gelingt, stürzen die Zweig-Bilder von allen Seiten heran mit der Eile einer Pavianherde, der man Erdnüsse hingeworfen hat.

Hervorsprudeln von Fingern

Wenn ich *ein* Rad heraufrufe, so ruft es fünfhundert herbei, die von allen Seiten, in allen Größen, mit höchster Geschwindigkeit, in Gruppen oder ganz vereinzelt, heranrollen, kreuz und quer, beliebig wie, aber in Hast, in größter Hast, im höchsten Tempo dahinsausend.

Wenn ich Zähne dachte, gab es augenblicklich einen solchen Andrang, daß sie nicht wußten (das heißt, ich wußte es nicht), wohin sie sollten, ungleiche, unregelmäßige Zähne, in Mündern zum Zerplatzen vollgestopft, wo sie in mehreren Reihen standen, unzählbar und verwickelter als in den reichsten Gebissen von Meerwölfen und Säbelhaien, Mäuler und Schnauzen so voll von Zähnen, daß sie sich nicht schließen lassen.

...

verkürzte Handlungen

Ich beginne dem allem gram zu werden. Ich habe Hunger, nüchtern wie ich seit sechsunddreißig Stunden bin. In diesem Augenblick (dieser plötzlichen Bewußtwerdung) sehe ich mich (in einer inneren Vision, die sehr stark ist) *in ein Restaurant eintreten, Platz nehmen, bedient werden, zahlen, aufstehen, gehen.* Das ist ungeheuer! Und die Mahlzeit? wird man fragen. So frage ich mich selbst, aber durchaus nachträglich, eine Mahlzeit, an der nichts fehlt, außer daß man sie gegessen hätte, und doch komplett, und fortgenommen, ohne daß ich gleich hätte sehen können, was daran unvollständig geblieben war! Ach diese Verkürzung! Fünf Akte auf einmal. Eine Art Schnell-Abenteuer, das mich im ganzen befriedigt hat. Reines meskalinisches Schauspiel.

Schnell-Umlauf Blitzmahlzeit

Blitz-Wiedergabe eines Kreislaufs von Handlungen. Ungewollte Karikatur unserer gewöhnlichen Handlungen und Anbahnungen von Handlungen, und wieder Handlungen, die in andere Handlungen einmünden, nach einem gewissen Hin und Her (was man gewöhnlich das »Verhalten« nennt), ohne daß man jemals die Befriedigung findet, um deretwillen diese Kette von Handlungen geplant war. Verschwunden. Das prahlerische Denken des Ehrgeizigen, des Selbstzufriedenen usw. besteht oft nur aus solchen Handlungskreisen. Aber die *Sorge* ist immer in dieser Art zusammengesetzt. Die Sorge (diese Krankheit des XX. Jahrhunderts) ist die unaufhörlich wiederholte Darstellung einer Kette von Handlungen, die vollzogen werden sollen, aber *der eigentliche Genuß ist nicht dabei.*

Handlungskreise

. . .

Ein wenig später denke ich an das Versprechen, das G. mir gegeben hat, mich anzurufen, um sich nach meinem Ergehen zu erkundigen, und wie ich seinen Anruf erwarte, sehe ich ihn (stelle ich ihn mir vor) in der inneren Schau, wie er nach der Uhr blickt, den Telephonhörer ergreift, und zwar mit einer Geste von einer unvollziehbaren elektrisierten Plötzlichkeit, einer Geste, als wollte er im Zorn das Geschirr von einem Tisch fegen, wo man ihn beleidigt hätte, einer Geste von einem Schwung, um Wände einzudrücken, sehe ich ihn den Apparat anpacken, den Hörer umklammern und . . . wieder auflegen – schon zu Ende. Keine Rede mehr davon. Blitz-Gespräch.

Darstellung in einer Muskelphantasie

Blitzgespräch

Das Sprechen (der eigentliche Akt) ist weggelassen. Wie der vorige, der Akt des Essens. Und doch ist es derjenige, um dessentwillen alle andern stattgefunden haben. Übrigens auch sie unvollständig. Merkwürdig. Als ob man sich auf diese Weise aller seiner Interessen für einen Gegenstand entledigte. Vielleicht eine Reihe nervöser Entladungen in den Muskeln, von der Phantasie visualisiert, oder umgekehrt, oder beides?

schematisiertes, vereinfachtes Bild

Die meskalinische Haltung ist gegen jede Ausführlichkeit. *Ihre Bilder sind schematisch, kinetisch, simplifiziert.* Die Handlungen, die Situationen, die Verkettungen von Handlungen sind vereinfacht, extrakurz. Alles was geschieht, ist

komprimierte Situation

Kondensat. Kondensate von Situationen. *Kondensate von Handlungen. Kondensate von Reflexen.*

Simplifikationsvorgang: das ist der Vollzug der denkenden Intelligenz im eigentlichen Sinne.

. . .

In der inneren Schau sehe ich einen Teppichhändler, der einen Teppich schüttelt. Der Teppich wogt und wallt, ein Teppich, der kein Ende hat. Ich sehe

wogender Schädel des wogenden Teppichhändlers

den Schädel des Teppichhändlers, der über dem Teppich wogt, den seine Hände entrollen, Schädel, der wogt, wogt, wie eine Rolle leichten Papiers wogen müßte, das man aufrollen würde, und Schädel, der wogt, und Teppich, der wogt. Die Hände, die den Teppich halten, der wogt, sehe ich, wie sie sich verlängern, sich verlängern, sich verlängern, wie sie wogen, wie sie wogen, wie sie wogen, unter seinem verzweifelten Gesicht, das seinerseits wogt und wogt und wogt, mit diesem allem zusammen, das wogt, wobei es mir entgeht, daß alle nur von meinem eigenen Wogengang ins Wogen kamen, alle, der Teppich, der Schädel, der Händler, das Gesicht, Wogengänge ohne Ende, die es mir nicht gelingt zu beruhigen und die wie anderswo auch dort lokalisiert sind, in auffälliger Deutlichkeit, so daß ich sie sehen muß und sie nicht leugnen kann.

Von Zeit zu Zeit gibt es Beschleunigung, als ließen Gelächter sie schneller über die in mir ausgespannte innere Leinwand hin und her zucken, und Formen versinken in einem sandigen Boden, der sie mühelos verschlingt, während der Teppichhändler immer noch nicht am Ende seines Teppichs angekommen ist und ihn immer noch weiter aufrollt, ihn aufrollt, ihn aufrollt, inmitten von Teppichhändlern, die von allen Richtungen herbeigekommen sind mit ihren Teppichen, die sie aufrollen, die sie aufrollen, die sie aufrollen.

Ich stelle das Radio an, um Musik zu hören. Ohne das mindeste Verlangen danach zu haben. Ich zwinge mich. Heute ist entschieden ein Tag, an dem ich mich anstrenge.
Sogleich stört sie mich, verbreitet sich grobschlächtig über die schweigende Musik, die in mir wohnt und die nicht weniger vibrierend, nicht weniger symphonisch und sehr viel überraschender ist als ihre vollklingende Schwester.
Aufreizend dieser Eindruck von Überlagerung. Die Bemühungen des Komponisten erscheinen mir von unglaublicher Belanglosigkeit. Das gleiche Ergebnis mit verschiedenen Musikwerken verschiedener Zeitalter. Sie hinterlassen nur eine klangvolle Masse, eine fluktuierende Anhäufung, langsam, mehr als langsam, auf der Stelle festgehalten, hohltönend, eine Art musikalisches Tongefäß.
Der Eindruck, nahe, allzu nahe bei einem schnurrenden großen Kater zu sein.
Jetzt Melodien. Gott! Wie sind sie langsam, selbst die schnellsten. Der Unterschied von der schnellsten zur langsamsten ist so winzig im Verhältnis zu »meinen« Geschwindigkeiten.
Musikalischer Sumpf, aus dem keine wirklich herausfindet. Eine Art Massage unter Verschluß – und diese ärgerliche

Klangdecke, die man zugleich über sich hat.
Kein Vergnügen. Meskalin ist im ganzen genommen gegen den Aufwand, gegen den Genuß, gegen die Feinschmeckerei. Die einzige Form, die ich ertragen kann, sind einige Rhythmen. Der Rhythmus ist offen, hat weder Dämpfer über sich noch Dach.
Du kannst etwas anderes darüberlegen: eine Melodie, Worte, oder eine Stimmung. Das bleibt dir überlassen.
Sogar auf diese Weise habe ich bald genug. Der beste Rhythmus geht mir verquer. Oder aber es ist ein Rhythmus, den ich selbst erfinde, für mich, um langsamer zu werden. Es gelingt mir, es gelingt mir mehreremal:
Die Meskalinwirkung nimmt sicherlich ab.

Er geht auf wenige Seiten. Eigentlich geschieht darin sozusagen nichts. Dennoch zählt er. Meskalin – lehrreich durch seine Verweigerungen – begibt sich nicht auf das Gelände, wohin du es lenken möchtest, sondern auf die Gebiete, denen deine wirkliche Sorge, Vor-Sorge, gilt.

draußen
sturmgeschüttelte
Zweige

Draußen, Sturm. Seit gestern werden Schiffe an den Strand geworfen, der Atem des Windes von hundertvierzig Kilometerstunden reißt Dächer weg, stürzt Hütten ein und behält in Paris noch genug Wucht, um die Baumzweige des Gartens stark zu schütteln. Die Blätter des wilden Weines schlagen rasend an mein Fenster. Wie soll man diesen beständigen Tumult mit der für das Experiment nötigen Ruhe in Einklang bringen? Besser wäre, es für später aufzuschieben. Ohne Zweifel, aber ich gehe darüber hinweg, ungeduldig, damit fertig zu werden.

Unempfindlichkeit in Stufen.

Ich durchblättere eine Neuerscheinung, eine Darstellung der Künste Südostasiens, mit Aufrissen zahlreicher Architekturmotive (in Strichzeichnungen). Da mein

Interesse nicht groß ist, lege ich den Band bald weg und mache mir für eventuelle Notizen ein Blatt Papier zurecht. Kaum habe ich es über meinen Knien glattgestrichen, da sehe ich auf ihm in klaren, schwärzlichen Linien Umrisse von Säulen und Gesimsen, Heiligtümer mit ihren Göttern, Tore und Türme, Nagas und Gopuras, und Garudas von birmanesischen und javanischen Bauwerken, mit einer solchen Deutlichkeit, daß ich sie durchpausen könnte, wenn ich schnell genug wäre. Aber man müßte schon wirklich sehr schnell machen, denn wenn die Gegenstände auch fest stehen bleiben, werden sie doch auf der Stelle von einem Liniengeflimmer überlaufen.

Überraschend, und es dauert an, was noch überraschender ist[1].

Die lineare Erscheinung bedient sich in nichts der Zufälle des Papiers, wie es bei mir so oft vorkommt, wie bei den meisten Zeichnern, die dadurch leichter zu sehen vermögen, was sie bisher nur im Kopf gehabt hatten, ohne es wahrnehmen zu

1. Remanenzphänomen? Vielleicht. Ich würde eher glauben, daß die Linien der Strichätzungen im Kunstbuch, alle von gleicher Dicke, mir die Idee des Durchpausens eingegeben haben und im Meskalinrausch meine Einbildungskraft zu einem Spiel in der gleichen Richtung angeregt haben.

Zeichnungen ohne Tonstufen erscheinen auf dem Blatt als wären es Abzüge

können. Hier sind alle Umrisse *mit einem Schlage fertig,* in einem gleichmäßigen Strich, ohne Tonstufen. Wenig bedeutet es, ob das Papier hier oder da eine hervorstehende Faser hat oder eine Vertiefung oder einen Fleck oder einen Schatten; die Zeichnung *plakiert* sich auf das Blatt *ohne Ablenkung,* ohne sich mehr hierhin als dorthin verlocken zu lassen . . . und sogar auf eine rote Decke, mit breiten überdruckten Schriftzeilen, die ich »ihr« hinhalte.

Es sind auch keine Halluzinationen, keinerlei Glaube läßt mich sie für wahr halten oder für wirklich, ja ich habe nicht einmal Lust, nachzuprüfen, ob sie da sind. Und ich zögere, sie halluzinoseartig zu nennen. Ich fange auf diesem weißen Bildschirm, empfange auf ihm Bilder, die überleben und sich ein Vergnügen daraus machen, deren Minuten gezählt sind und die bald verschwinden werden.

. . .

Verschwinden.

Das ist alles, was mir an diesem Tage geboten wird, obgleich ich noch zweimal Meskalin einnehme, es ist gerade so, als hätte ich statt dessen aus Versehen Kreide geschluckt.

Mittags war der Zauber anscheinend beendet, ohne daß ich noch irgendetwas hätte herausholen können. Dennoch war

ich noch um Mitternacht unter seiner Einwirkung, unfähig mich anzustrengen oder den normalen Zustand wiederzufinden.

...

11 Uhr

Rekapitulieren wir: elf Uhr vormittags. Ich habe mich gerade rasiert. Komisch. Ich verspüre keine Meskalinwirkung, durchaus keine. Und doch ist der Geruch an meinen Händen, der Geruch, den ich so gut kenne.

11 Uhr 30
zweite Dosis

Werde ich wieder Meskalin nehmen? Ja.

...

keine Wirkung

Immer noch zeigt sich keine Wirkung. Ich fühle mich äußerst entschlossen, (!) alarmbereit (oder schon im Alarmzustand?). Sollte das also doch vom Wind kommen?

...

...

2 Uhr 30
neue Dosis
keine Wirkung

Immer noch nichts. Wenn ich Visionen versuchte? Nichts, oder beinahe nichts. Ziemlich rasch gebe ich auf, ungeduldig. Nehme ich nochmals Meskalin? Ja. Es muß sein.

Ich fühle gleichsam Rückzüge in mir, das heißt wachsende Unempfindlichkeit. Sehr gut! Ich bin auf dem richtigen Weg.

...

Immer noch keinerlei Überschneidungen zwischen dem Meskalin und dem Sturm. Trotz seiner Wucht achte ich gar nicht darauf, denn er gehört zu den Dingen des Draußen für die Leute draußen, während das Wort, das ich im Geiste ausspreche, für mich viel realer ist, viel näher meiner Verstörungszone, und ich wende mich heftig davon ab.

Seltsam, dieses Fehlen von Aufregung! Gefahr, das in die Tiefe zu verlegen, was man an der Oberfläche nicht gewollt hat. Unfaßbares Meskalin: Ich werde Stunden zubringen, ohne mir darüber klar zu werden, ohne *die Nervosität wiedererkennen zu können,* von der ich, wegen des Meskalins und wegen des Sturms, hätte voll sein müssen, doch ich hatte mich gegen sie (gegen ihre Einwirkungen an der Oberfläche) so gut verteidigt, daß ich sie überhaupt nicht mehr fand.

Sie hatte sich also ein Stockwerk tiefer eingerichtet. Wenn ich sie dort entdeckte oder vielmehr auch nur dort vermutete, glitt sie sofort noch tiefer hinab. Ich indessen blieb ruhig, ohne die Wohltat der Ruhe, ich wunderte mich, da ich das Äußere einer Ruhe besaß, die mich nicht befriedigte und mir »ungereimt« erschien. Unterhalb des Phlegmas (denn so mußte man diese groß gewordene falsche Ruhe nennen!) versank die Aufregung, von der ich immer noch nicht irgendwie Kenntnis nehmen konnte, mehr und mehr im gleichen Verhältnis, wie ich Meskalin

Die Nervosität,
die ich nicht voll
ins Bewußtsein
zu heben vermag
wächst an
unter dem Deckel
eines Phlegmas das
ebenfalls anwächst

nahm und mich dem aufreizenden Gelärm und der Gefahr der Nervosität engegenspannte.

Diese doppelte Bewegung dauerte fort in einer beschleunigten Progression, wie Meskalin sie fertig bringt, immer mehr Aufregung unter dem verschlossenen Deckel, und darüber immer mehr Phlegma, das aber immer unechter wurde, immer künstlicher und bereit, mir ein gründliches Break-down zu verschaffen, wie es allen denen droht, die ein für allemal jeder Eventualität vorgebeugt haben.

Wie erinnerte das doch an jene Phlegmatiker, die zum Erstaunen ihrer Umgebung nervöse Symptome bekommen, Magengeschwür, Asthma, usw. . . . weil sie, zur Nervosität veranlagt, sich diese Nervosität verdeckt und ihr eine übrigens bemerkenswerte Sperre entgegengestellt haben, hinter der sie aber fortdauert und sich mit schädlicher Wirkung in den Organismus immer tiefer einwühlt, wo sie sich vor der Beobachtung verstecken wird, bis sie sich eines Tages in den Wirren der Krankheit enthüllt.

Von dieser Art war meine Gereiztheit, aber sie hatte vom Meskalin die charakteristischen Merkmale der Haltlosigkeit, der Schrankenlosigkeit, und die Wegrichtung ins Absolute.

Reine Gereiztheit, die nicht mehr nötig hat, daß irgendetwas Aufreizendes sich bietet. Ich erkenne sie, weil ich sie – ohne Sympathie – bei andern beobachtet habe. Hier, immer in einer Entzogenheit. Zum Absoluten strebend. Zur völligen Tilgung der Realität.

Totale Unbeständigkeit der Welt, von der man nichts mehr »behält«.

Mechanismus der Gereiztheit als Lebensbetrug (Ausschaltung des Lebens, des Geschmacks am Leben) verstecktes Zerbrechen

Jetzt war es an mir, aus eigener Erfahrung diesen verhängnisvollen Mechanismus kennenzulernen, diesen unerträglichen Zustand, der dem Wirklichen jeden Geschmack entzieht. Ohne Geschmack – kein Leben.

Diese Entziehung (denn Geschmack ist Wertung vom Geschmack her, Ruhe im Geschmack) läßt eigentlich keinen andern Ausweg als den Freitod.

Stärker als Verzweiflung, mechanischer wirkend, fähig, aus allem und jedem beliebig viele Nichtse zu machen. Nicht einmal nötig, Pessimist zu sein. Ich ermaß jetzt das Elend mancher zu rasch verachteter Menschen. Ich begriff es: meinen ganzen Tag hatte ich mit unbeschreiblichen Durchgängen von Nichtsen verbracht.

Dritter Teil

Gebiet des Meskalins und Nachbargebiete

Umsturz der Mächte

Der eigentümliche Sonderbereich, den der Mensch bewohnt und wo er mit seinen Gedanken exerziert, fällt unter Meskalineinfluß auseinander. Er hat seine Gedanken nicht mehr. Er hat nicht mehr den Eindruck von Macht über seine Gedanken. Und dieser Eindruck ist richtig. Sein Wille hält sie nicht mehr in seiner Gewalt. Umkehrung der Machtverhältnisse.

Der Schiedsrichter »Ich«, der gewohnte Schiedsrichter und Leiter des Spiels und der Ideen, er, der entscheidet und ordnet, ist ohne Kraft. Jetzt sind es die Ideen, die Bilder, die Impulse, die an der Macht sind, die über ihn verfügen, die ihn modifizieren, und zwar augenblicklich, gleich bei ihrem manchmal zufälligen Auftreten. Er ist ihnen »ausgesetzt«. Er ist durch sie hypnotisiert, fasziniert. Zum Opfer geworden. Sie fallen über ihn her und machen, daß er Glauben an sie hat, einen lächerlichen Glauben, gegen den er nicht viel vermag.

autohypnotisierbar

Eine Idee, die man in diesen Stunden gehabt und an die man geglaubt hat, kann man später nicht mehr überprüfen, man kann sie nicht mehr umbilden, nicht mehr umdenken. Definitiv. Die Ehe ist geschlossen.

Die Wucht der Bilder, ihre Überzeugungskraft ist so groß, verglichen mit der

Schwäche des Willens, der früher das Steuer in der Hand hatte, daß es keinen Kampf mehr gibt. Die Idee und ihre bildliche Darstellung haben im voraus den Sieg über dich.
Die Halluzination ist unendlich viel wahrer als der Anblick der gewöhnlichen Wirklichkeit. Die Wirklichkeit, gebildet aus widersprechenden Elementen und Eindrücken, ist zweifelhaft, zerstreuend, fragmentarisch. Sie lenkt ab. Man konstatiert sie – (vor allem als Hindernis).
Die Halluzination dagegen: bewundernswert synergetisch, synthetisch, »aus einem Guß«, entspricht sie vollkommen, ohne Bruch, ohne Zuviel noch Zuwenig, der Idee, dem Verlangen, der Furcht, dem inneren Bild, sie kann nicht in Zweifel gezogen werden. Sie ist *adäquat*.

. . .

. . .

Niemals ist man der Realität gewisser, als wenn sie eine Illusion ist. Denn dann ist sie Realität kraft innerer Zustimmung. Du willigst ein in einer Weise, daß du eine Erfüllung erlangst. Sie ist vollkommen. So in gewissen Träumen. Nur die Realität macht nicht den Eindruck der Realität. Zu wandelbar. Es gelingt nicht wirklich, bei ihr stehen zu bleiben. Sie läßt zuviel Freiheit, woandershin zu blicken.

Anderer Grund: unter Meskalin, besonders bei meinen ersten Erfahrungen, war ich nicht von vornherein einverstanden, ich kritisierte immerfort. Dennoch, was ich da gesehen habe, selbst wenn es lächerlich war, das zählt noch immer, ist mir realer und unvergeßlicher als alle Länder, die ich bereist habe. Denn es war von allem andern gesondert, während die Realität immer sehr stark mit andern Realitäten vermischt ist.
Hier ist die Aufmerksamkeit fasziniert, sie gehorcht, unter Ausschluß jedes anderen Gegenstandes. Das Bild kommt ganz allein seines Weges, ohne mit irgendetwas verglichen zu werden, ohne erst aus einem Realitätskomplex herausgerissen, abgezogen werden zu müssen.
Eine Idee, die du dabei hast, ist nicht wie Ideen unter anderen Ideen, die man liest, die man erwartet, die man hat und die deswegen nicht die Welt stillstehen lassen. Hier steht ihretwegen die Welt still, und selbst wenn sie nicht außerordentlich sind, so haben sie doch das eine Außerordentliche, daß die Welt ihretwegen geschwiegen und sich verborgen hat, und du hörst sie nun wie eine Trompete, die plötzlich in einem einsamen Krypta widerhallt.
Ihre besondere Prägung, ihr einzigartiger Charakter besteht darin, daß sie auf der

tabula rasa errichtet sind, auf dem von allem andern leergefegten Tisch, und alles andere um dich herum – ausgelöscht oder verflackernd.

Bewußtseinspreisgabe

Bei Gelegenheit einer starken Bronchitis habe ich ein opiumhaltiges Präparat nehmen müssen, und dadurch entdeckte ich an mir ein Bewußtsein, das ich nicht zu besitzen meinte, nämlich das Bewußtsein eines Ganzen, das ich beinahe mit dem Leben zugleich auf mich genommen hatte. Ich entdeckte es, indem ich es für einige Stunden verlor.
Es war am Abend, aber zu früh zum Schlafen, mit einem häufigen, heftigen Husten, und ich mochte nicht eines jener Schlafmittel nehmen, die Schlaf herbeizuführen scheinen, ohne irgendetwas in Ordnung zu bringen. Nachdem ich also dieses Opium genommen hatte, fanden meine Bronchen Schlaf. Eine allgemeine Beruhigung der Organe hatte sich, schien es, vollzogen. Obgleich ich nicht schlief, war die Ausfüllung meiner Breschen innerhalb meines Körpers sehr viel vollständiger, als in manchem Schlaf, wo man ein Bewußtsein behält, daß man schläft, eben weil der Schlaf unvollkommen ist, immer wieder leicht unterbrochen durch Botschaften noch un-

ruhiger Organe, und weil man versucht in Traumbildern zu ordnen, was der Tag und das Leben nicht haben ordnen können. Nun waren die Gereiztheiten, die Störungen, die Mikro-Leiden getilgt, man hatte mir diesen zerlöcherten Überzieher ausgezogen. Ich war erstaunt über sein Verschwinden, mehr noch allerdings darüber, daß ich ihn seit meiner Kindheit angehabt hatte, ohne es zu wissen. Im Vergleich mit den gegenwärtigen entspannten Momenten ging mir die Tatsache auf, zweifellos in meinem Leben bisher keine Stunde organischer Ruhe gehabt zu haben und wie viele Menschen oft nur einen von vielen Wachmomenten so durchsiebten Schlaf, daß man sich in einer Nacht fünfzig-, hundert- und zweihundertmal hinundherdreht, einen Schlaf, der in Wirklichkeit aus Hunderten von Schlaf-Inseln besteht.

Schlaf-Inseln

Die körperliche Ausgeglichenheit dieser wenigen Stunden wäre zweifellos für viele Leidende eine Wohltat gewesen. Nach drei Nächten hatte ich schon ein gewisses Verlangen danach, wenn auch kein sehr starkes, als glücklicherweise die Bronchitis sich beruhigte. Abgesehen von Zuständen großen Zähneklapperns, liebte ich an diesem Produkt nicht, was

ich auch bei Menschen nicht mag: daß man sich an mich anhängt. Noch mehr, es ergab sich, daß es verlangsamend wirkt (worauf eigentlich?), wonach ich normalerweise keinerlei Bedürfnis habe. In der dritten Nacht hatte ich einen langsamen Alptraum (ich empfing in den Rücken, zwischen Hemd und Fleisch, den Stich einer langen, langen, langsamen Dolchklinge, der kein Ende nahm und mich mit Blut näßte – wie ich glaubte – und mit klebrigem Schweiß), ein zähes Drama, das am Morgen noch nicht vollständig zum Stillstand gekommen war, in geheimnisvoller Weise durch die erworbene Langsamkeit verändert.
Dies hätte genügt, um mir Widerwillen einzuflößen.
Aber da das Leben eine Reisestrecke ist, war ich recht befriedigt, einen Teil dieser Reisestrecke durch ein verschiedenes Bewußtsein hindurch kennengelernt zu haben.

In diesen beiden denkwürdigen Nächten kam fast kein Bild unmittelbar, in visionärer Art, und ich empfand auch keinerlei Bedürfnis danach.
Aber auf die Dauer blieben sie nicht aus, die Bilder, sie kamen herbei, in Gestalt jener Träumereien, in denen man die

Situation mehr fühlt als sieht, wo Farben nichts bedeuten oder vielmehr ganz fehlen und wo Bilder nur zu Vergleichen dienen, zu tastenden Abschweifungen, ohne irgendetwas Festes und Selbständiges zu zeigen. So sah ich manchmal Kreise, Bilder, die ich geformt hatte, um den Inseln des Unbewußten zu entsprechen, an die ich dachte, und um sie besser in mir festzuhalten.

der lange anhaltenden inneren Heiterkeit »kommt« die Entsprechung des Bildes von einem langen Korridor

Ebenso, als ich jene langen heiteren Minuten ohne Unterbrechungen genoß, ohne irgendeinen Kitzel, ohne Störung oder Gereiztheit oder körperliche Regung, geschah es mir, daß ich an einen Korridor dachte (wobei ich wußte, daß ich ihn selbst hergestellt hatte) und das beschwörende Bild eines monotonen Durchgangs in meiner Einbildungskraft nach – schleppen ließ, um mir »durch den Augenschein« Rechenschaft zu geben von der Länge der *Zeit* ohne Verwirrungen, die sonst ganz unmeßbar gewesen wäre. Jedoch schließlich, beeindruckt von der Beharrlichkeit des Bildes, gelangte ich dazu, meine Aufmerksamkeit auf den Korridor selbst zu fixieren, und seine Länge, die nicht enden wollte, wurde mir zu einem neuen Rätsel.

Unterhöhlung der Selbstbeherrschung durch Haschisch

Der Hanf bewirkt keine spektakulären

und brutalen Umstürze wie das Meskalin, er geht mit sanfter List vor, nach seinem eigentümlichen Stil, der etwas Gestelltes und Irreführendes hat.

überlistet, meine ich zu sterben

Eines Tages, als ich eine zu große Menge davon gegessen hatte, als ich in voller Auflösung und ganz verstört war, weil ich das Leben zu verlieren glaubte (eine seiner Irreführungen, die ich damals noch nicht kannte) – das war übrigens, erinnere ich mich, ohne Größe –, und als ich fühlte, wie ich den Kopf verlor, da ließ es sich an, als vertreibe man mir den Geist mit einem Fliegenwedel. Es war ärgerlich, ein billiger, durch Überraschung erzielter Effekt.

Selten habe ich davon genommen, ohne daß wir zu zweien gewesen wären: ich und noch jemand, der über mich Bescheid wußte, der über mir stand.

der Beobachter Nr. 2 äußert sich durch Stummfilm

Der Beobachter Nr. 2. (Außer dem Ich gibt es noch den gewohnten Beobachter Nr. 1 des gewöhnlichen Lebens.)
In mehreren Wiederholungen spielte er seinen Trumpf aus. Ein putziger Trumpf, der mich lächerlich machte. Als wenn er, während ich beinahe normal dachte, seinerseits eine Szene fabrizierte, in der Stille, eine Szene zum Zeigen. Eine Szene ohne Erklärung, einen Vergleich in Bewegung. War es ein Teil von mir

selbst, der die Szene hinter dem Rücken des andern Teils beinahe maschinell fabrizierte? Ich hatte immer den Eindruck einer Absicht. Jedenfalls war es meine Aufgabe, zu verstehen. Denn hierüber hätte es keinen weiteren Kommentar mehr gegeben. Die Szene selbst, die ich sah, war der Kommentar. Und zwar über mich. Ich mußte suchen. Beispiel: eine Brücke, sehr lang, schön, rassig, sehr, sehr schmal, Stühle mit Armstützen der ganzen Länge nach aufgestellt, Front zum Wasser, leer, unbesetzt, und in der Mitte noch edler, ein kurulischer Stuhl oder ein zeremonieller Sessel, wenn nicht sogar ein Thron, darauf eine einzige Person, ohne jedes Gefolge, Gesicht zum Wasser, die sich beugt, sich beugt. Unglaublich komisch, unerhört närrisch, diese Vision, die mir da geboten wird: wenn man sich den Stil der Brücke vorstellt (eines bewundernswerten Werkes, das ich nicht zu beschreiben vermag), des Lehnstuhls (grandios), der leeren aber bedeutungsvollen Stühle, alles das nur um zu betrachten, und von ziemlicher Höhe, wie das Wasser strömt, wo nichts geschieht! Das sieht wohl so aus wie eine Karikatur des Beobachters Nr. 1, der ich im Augenblick des Experimentes bin. Unbewußte pantomimische Selbstdarstellung?

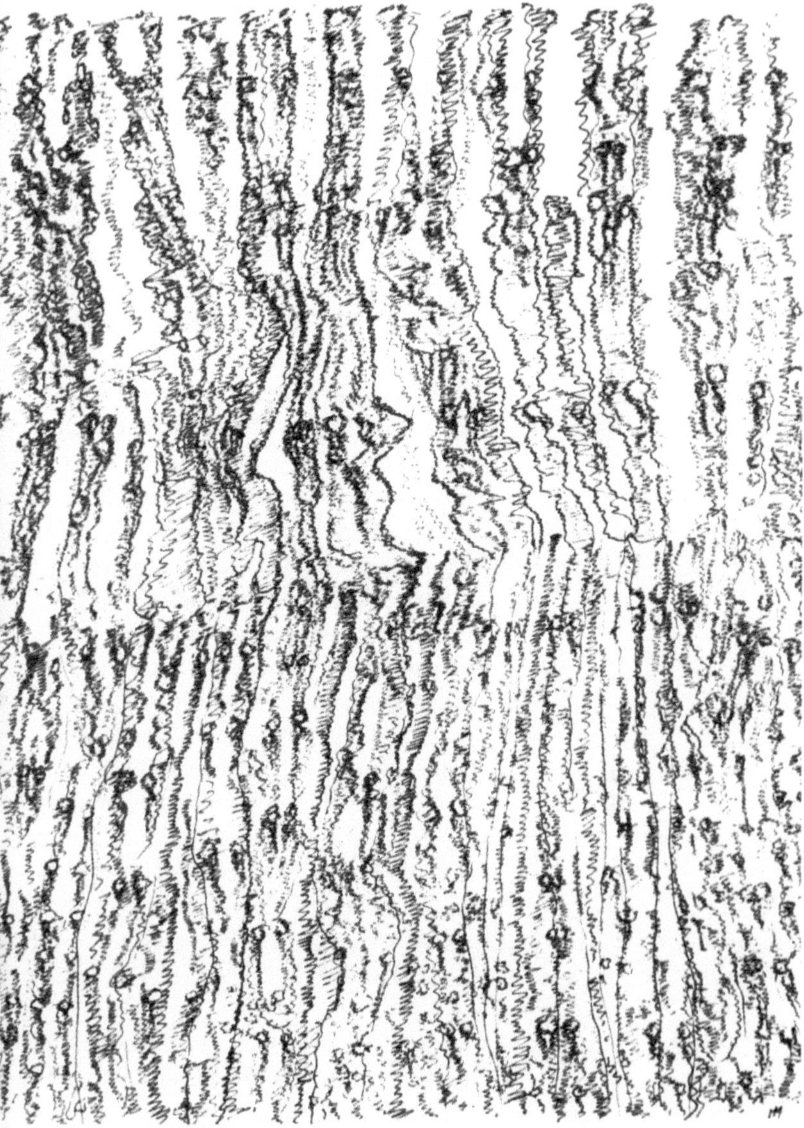

Die Situationen werden sich ändern, aber wie auch meine Gedankengänge sein mögen, die neue Person wird mir über den Kopf wachsen. Sie wird die Oberhand behalten. Ich betrachte ein Bild, während er, der andere, die Situation betrachtet und mich selbst plus dem Bild und mich selbst die neue Situation betrachtend usw., usw. Seine Schlußfolgerung, das Bild, das er formt, ist immer von einer Unverschämtheit, einer Bosheit! Verdoppelung, bei der es immer der andere ist, der die hohe Warte innehat. Jener, der auf dem laufenden über mich ist, über meine Gewohnheiten, und immer einen Vorsprung vor mir hat. Es ist nicht gut mit ihm Kirschen essen. Kalter Spötter. Was auch vorkommen mag, es scheint immer von jemandem inszeniert, der mich kennt und mir einen besonderen, zu mir passenden Streich spielen will, einen Streich, der mich aus dem Gleichgewicht bringen soll. Was für einen Streich wird er mir spielen oder mir spielen lassen? Ich muß immer auf der Hut sein. Er ist der Illusionist, er veranstaltet Illusionen des Realen, dank der Anregungen von ganz bestimmten Erlebnissen.

So werden die Bilder, die ein Gefühl der Höhe vermitteln, im Gegensatz zu ähnlichen, die in der Meskalin-Vision vorkommen, von Eindrücken des Schwindligwerdens, von tollen Abstiegen, unerhörten Aufstiegen begleitet sein (die Rutschberge sind häufig darin). Hochebenen, die wie mit einem Wagenheber hochgehoben werden, steigen und sinken absatzweise, und man hat das Erlebnis der ruckartigen Aufstiege und der momentanen Aufenthalte.

Ich sehe jemanden munter eine steinerne Treppe hinaufsteigen. Achtung, ohne den Kopf zu wenden, läßt er jetzt mit seiner energischen Ferse, immer steigend, Pflastersteine auf mich herunterkollern, und ich muß mich rasch in Sicherheit bringen, so stark erlebe ich das Herunterkollern der schweren Steine und den Eindruck ihrer unmittelbar bevorstehenden Ankunft am Fuße der Treppe.
Ganz wie das städtische Leben hat der Hanf die Eigenart, daß er zu raschen, unverzüglichen Anpassungen zwingt: er verpflichtet zu guten Reflexen und dazu, immer im Alarmzustand zu bleiben.
Der Haschisch (im Gegensatz zum Meskalin) pflegt und bereichert oft sogar (aber in willkürlicher Vereinzelung – daher vielleicht seine närrische oder überraschende Seite) den Phantasiereiz der Sinneswahrnehmungen.

Beispiel: Im Halbdunkel mache ich ein paar Aufzeichnungen und schreibe lebhaft Worte nieder, deren Aneinanderreihung ich nicht recht mit dem Auge verfolgen kann; da ergibt sich eine mechanisch getroffene Vorsichtsmaßregel, die verhindern soll, daß die Zeilen, die ich kaum anblicke, einander überfahren: Zwei Zeilen folgen in ziemlich weitem Abstand aufeinander und bilden, ausladend aber immer parallel bleibend, etwas wie dies:  . Wenn ich diese Zeilen wiederholt anblicke, um zu sehen, wo ich hernach den Bleistift ansetzen soll, dann beschwören sie mir eindeutig die Ufer eines Flusses. Sofort – im Gegensatz zu dem, was im normalen Zustand oder auch unter Meskalinwirkung vor sich ginge – *fühle ich die Kühle des Wassers.* So als wenn man am Ufer eines Flusses oder eines Stromes wäre; und etwas in mir wartet schon darauf, Lastkähne vorbeifahren zu sehen!

Der Haschisch verstärkt in extremer Weise eine ganz bestimmte Einbildungskraft.

So konnte ich eine geraume Weile lang eine sehr lebhafte, wenn auch stumme dramatische Handlung zwischen zwei Personen verfolgen: ich sah die beiden (wie auf einer Bühne) auf einem Stück Alpacca-Gewebe auftreten, das ich vor meine Augen hielt, denn durch dieses Gewebe sickerte das Licht einer Lampe, gegen die ich mich damit abschirmte. Die leichten Bewegungen, die vom Pulsschlag in meiner zitternden Hand hervorgerufen wurden, traten verstärkt in Erscheinung und ließen lebendige und ausdrucksvolle Personen sich wandeln und sich regen, deren bewegte Diskussion ich eine geraume Weile lang mit den Augen verfolgte.

Trotz mehrerer Versuche, von denen zwei mir sogar den Eindruck vermittelten, mich in einem kritischen Zustand zu befinden, habe ich die Empfindung, daß der Hanf mich nur oberflächlich streift. Eines Tages, als ich davon ein Präparat genommen hatte, das sehr viel konzentrierter war, als ich erwartete, begannen plötzlich in der Zone meines Denkens Flügel zu schlagen. Ich erlitt mikroskopische Friktionen, gewiß weniger stark, als ich sie unter Meskalin erlebte, aber immerhin stark genug, um mich »losgelassen« zu fühlen. Mit Mühe telephonierte ich an einen Freund einen

SOS-Ruf. Mein Entschluß anzurufen schien mir auf einem offenen Bauplatz gefaßt, unter Tausenden flatternder Flügel, und während ich sprach, zweifelte ich daran, ob der Zustand meines so reduzierten, sterbensmatten Daseins unter soviel schwingenden Flügeln wirklich genug Bedeutung habe, um andern Menschen mit Alarmzeichen signalisiert zu werden, andern Menschen, die so weit entfernt waren, so weit, so weit. Denn unter dem zitternden Baldachin von Tausenden von Flügeln zählte das Bewußtsein der Hemmungen meines Denkens mehr als das Denken selbst. Als ich gefragt hatte, ob es ein Gegenmittel gäbe, hörte ich im verneinenden Sinne antworten, aber diese Antwort selbst, bevor sie tatsächlich aufgefaßt wurde, erlitt den Durchgang durch den geflügelten Baldachin und verlor ihre Individualität in

aufs neue überlistet

winzigen Zitterbewegungen, entfärbte sich, löste sich, klein, ganz klein, von den scheppernden Informationen ab, die anstatt zu informieren, auf meine Frage zu antworten, nur ein Kratzen zu sein schienen, hinzugefügt zu vielen andern Kratzgeräuschen, und ich verharrte unbeweglich, ohne den Hörer aufzulegen, unter den schwingenden Flügeln und den endlosen Kratzgeräuschen.

Nach mehreren Psychiatern habe ich in

Misérable Miracle den Ausdruck Experimentelle Schizophrenie wiederholt, wenn ich ihn auch verdächtig fand, um den Zustand zu bezeichnen, in welchem ich mich nach Einnahme einer starken Dosis Meskalin befunden hatte.
Mir scheint, man dürfte ihn nicht anders nennen als Meskalin-Wahn.
So haben amerikanische Psychiater für die Psychose, die nach dem Genuß von L.S.H. 25 auftritt, die Ausdrücke »experimental psychosis« oder »Model psychosis« vorgeschlagen[1].
Die Zeichnungen von Menschen, die unter Meskalineinfluß standen, zeigen einen großen Unterschied von denen der Schizophrenen.
Die Linien der ersten sind meist vereinfacht, geschleudert, exaltiert, widerspruchsvoll.
(Handelt es sich um Malerei, sind die Farben extrem leuchtend, sehr rein, oder in Überlagerungen unangenehmer, vulgärer Töne heftig kontrastiert.)
Mit verstärktem Schwunge werden die Linien ganz und gar verwirrt, die Formen ausgelöscht, brutalisiert, unleserlich, den Eindruck eines allgemeinen Gebräues

1. »Experimental Psychiatry«, von Max Rinkel und Salomon, in *American journal of psychiatry*, 1955

vermittelnd (manchmal eines Wirbels). Zu verschiedenen Zeitpunkten, bei zeitweiligem Nachlassen oder gegen Ende der Wirkung, und der Lust einer Entspannung entsprechend, sieht man, wie unter Beruhigungswellen parallele Linien erscheinen (manchmal sanft gekrümmt und abnorm wiederholt), Linien von geistigem Charakter, Linien freudiger Zustimmung. Andre Zeichnungen zeigen ein Gewühl, eine extreme Überfüllung des Blattes, Figuren und Formen übereinandergehäuft, ineinanderverfilzt, *doppeldeutig.*
Das Experiment Matefi[1] ermöglicht es, in einem Rötelporträt nach Modell, das von einer Stunde zur andern wiederholt wird, die verschiedenen aufeinanderfolgenden Tendenzen festzuhalten. Der Zeichner hat L.S.H. 25 genommen, ein Stoff, dessen eine Wirkung von der Art des Meskalins ist und dessen andre Wirkung (bremsend) weniger empfunden wurde. Heftiger Beginn. Wildbewegte Linien. Der Paroxysmus, der wirklichen Entladungen in den Nerven zu entsprechen scheint, zerhackt die Zeichnungen mit Linien aus allen Richtungen. Kopf und Hintergrund sind in gleichem Maße durchquert von dem wilden Gewitterzorn Dann kommt die zweite Phase mit einem

1. Triangle, 1955

Beginn von Besänftigung, wo doppelte Linien erscheinen.
Linien der Einwilligung, der Zustimmung, der Begleitung.
Lobpreisende Linien, voller Noblesse, voller Bewunderung, fließend und sanft wie die Linien von Frauenhaar oder von buddhistischen Statuen.
Religiöse Linien, Zeichen einer idealisierenden, ja vielleicht mystischen Phase.
Die letzte Zeichnung zeigt die Rückkehr zur Ähnlichkeit. Aber das Modell ist »gebrandmarkt«, es sieht gefährlich aus.
Einzige gemeinsame Merkmale vieler Zeichnungen unter Meskalin, Lysergsäure oder in der Schizophrenie: die parallelen Linien und die Stereotypie.
Auf mich als Zeichner hat das Meskalin folgende Wirkung. Während des Versuchs: Zeichnungen mit allzu ungeordneten Linien, ermüdend zu zeichnen, rasch aufgegeben[1]. Am Ende, oder bald darauf: Zeichnungen, auf denen zahlreiche parallele gerade Linien erscheinen, die Tendenz zeigend, identische Linienzüge zu wiederholen.
Nach dem Zustand »diabolischer« Ekstase (Seite 63), Zeichnung mit gewundenen Linien, eingestülpt, riemenartig, Ungeheuer oder grimassierende Köpfe bildend.

1. Abbildungen 11 und 12

Ganz anders sind die Zeichnungen der Schizophrenen.
Sie drücken aus: Steifheit. Unbeugsamkeit. Unbeweglichkeit. Ebenso geschulmeistert wie gezeichnet. Ohne dekorativ zu wirken, zusammengesetzt aus dekorativen Elementen, eintönigen Ornamenten, stereotyp, von einem morbiden »Geometrismus«.

Die Zeichnung des Hebephrenikers und des Schizophrenen ist Abschluß und Stillstand.
Oft übersetzend: »*Ich bin allein. Ich lebe nicht mehr. Alles ist zu Ende.* Die Welt steht still.«
Aufdeckend *das organische Gefühl der Gekränktheit* eines Menschen, der nicht mehr mit den andern geht, nicht in den Empfindungen, nicht in der menschlichen Betriebsamkeit[1], nicht in den Aufwallungen des Herzens. Nicht einmal in der Zeit.
Näher bei den Zeichnungen, die aus Meskalinrausch (vor allem aus dessen erster Phase) entstehen, können diejenigen der manisch Gestörten erscheinen. Überstürzung der Bewegungen, Plötzlich-

1. Was jedoch den Laien erstaunt, ist die Tatsache, daß der Schizophrene für das innere Leben wenig begabt ist, so wie der Megalomane wenig begabt für Größe ist.

keit der Striche, Gewaltsamkeit der Farben, bestätigen zum mindesten einen gemeinsamen Charakterzug: die Beschleunigung des Tempos.

Aber alle Formen des Wahnsinns haben gemeinsame Punkte. Das aus der Bahn geworfene seelische Leben findet das gleiche schlechte, unsichere Gleichgewicht, so wie in hundert verschiedenen Infektionskrankheiten der kranke Körper das gleiche Fieber hervorbringt, auch ein schlechtes, gefährliches Gleichgewicht, das einzige, aber unvermeidliche, das der von Mikroben und Viren befallene Körper zu finden vermag.

Auf Grund von äußerst verschiedenartigen Ursachen, nach einer langen Inkubationszeit oder infolge eines einfachen mechanischen Schlages auf den Kopf, oder einzig und allein psychiatrische Elemente oder neurologischer Verletzungen, finden sich die Beschleunigung, dann Verlangsamung der Assoziationen, die Gedankenflucht, die Megalomanie, der Verfolgungswahn, die Halluzinationen, die Visionen in ähnlicher Weise bei vielen pathologischen Geisteszuständen, als »geistiges Fieber«.

Traum-Gleichnisse

Die gewöhnlichste geistige Operation ist doch wohl die *Einordnung* (von Eindrükken, Ideen, überraschenden Ereignissen usw.)? Vorwiegend willensmäßig am Tage[1]. Unwillkürlich bei Nacht[2]. Es wird dabei zu bemerkenswerten Umgruppierungen geschritten.

Die *Vergleiche,* die unter Haschisch und Meskalin zustandekommen, rein wie sie sind, ohne Worte, ohne Sätze, ohne Überredungsabsicht, nackt bis zur Nacktheit von Bilderrätseln (wie im Traum), sie hatten mich frappiert, ich habe wissen wollen, ob sich Ähnliches nicht auch woanders finden ließe, wo ich es bisher vielleicht nur noch nicht bemerkt hatte.

Zwei Monate lang habe ich jede Nacht und nach jeder Nacht versucht, meine Träume festzuhalten und aufzuschreiben: leider waren sie flau, grau und kurz.

Traum: Einordnung von Bildern, von Situationen im Hinblick auf Beruhigung

In sehr vielen Bilderfolgen erkannte ich nach genauerer Prüfung Ereignisse, vor allem unangenehme Überraschungen und Szenen und Gespräche des Tages wieder, die mich »berührt« hatten, dann verdrängt und erst wieder bei Nacht in eine neue, unerwartete, interessante Lage versetzt wurden, wo ich sie im Wachzustand nicht hätte finden können: Einordnung

1. Logisch und alles-erklärend, mit zeitweiligen, im allgemeinen teilweise verdrängten Einsprengungen analogischen Denkens.
2. Einzig und allein analogisch, aber deshalb nicht weniger klassifizierend.

im Hinblick auf Beruhigung. Das ist die Rechtfertigung des Traumes.
Der Traum war, wie ich sah, ein von Umständen bedingtes Gleichnis, ein Film, der meinen Tag, mein Leben nochmals aufrollte. Ein Denken in Episoden.
Im Gegensatz zu dem was die unechte Poesie glauben machen möchte, ist die Gleichnisbildung in der Sache selbst angelegt und keineswegs ein nachträglich herangebrachter interessanter Zusatz.
Eine Gruppe amerikanischer Psychoanalytiker machte beim Studium des Lebens in isolierten Dörfern auf Bali eine Beobachtung, die sie außerordentlich überraschte und sogar schockierte (denn sie sehen ein neurotisches Verhalten darin!), nämlich daß ein Balinese, dem man eine schlechte Nachricht überbringt, sofort einschläft. Er zieht sich zurück, streckt sich aus und schläft ein.
Heilkraft des Schlafes . . . die der Traum ergänzt – und hernach beim Erwachen wird unser Mann von neuem gut aufgelegt sein.
Der Schlaf ist für den Traum zwar nicht unentbehrlich, aber er ist gesund für ihn.

Jede Analogie ist ein Traumbeginn.

Eine Beschimpfung, ein Unglück, ein Schnitzer, die emotionalen Störungen des

Tages, werden mit Sicherheit früher oder später im Traum wiederkehren ... zur Tilgung.
Der Traum – als Berichtiger.
Der Traum ist der Mechanismus, um das Überraschende, das Besorgniserregende, das Störende (durch Verlegung und Rückverlegung von Bildern) unbewußt zu machen ... Fünf Tage ohne Schlaf (oder jedenfalls ohne Traum) besiegen die geistige Widerstandskraft eines gesunden Menschen, der auf einmal anfängt in einer »sinnverwirrten« Weise zu denken, weil ihm beruhigende, verlangsamende Lebensvorgänge fehlen.
Manche Träume kommen aus alten Fehlschlägen, die noch nicht verwunden waren, und die man nach Jahren nochmals in den Traum versetzen muß, das heißt in den Prozeß der inneren Beruhigung. Ja, mitunter muß man einen Traumdeuter heranziehen, um ihnen zu ermöglichen sich aufzulösen oder, in andern Fällen, sich harmlos zu fixieren.
Denn der Träumer selbst ist nicht auf dem laufenden, die Koordination der Bilder vollzieht sich, ohne daß er daran zu denken hätte. Das Bild kommt von allein auf den Anruf der Ähnlichkeit. Bei Nacht nehmen sie schweigend ihre Stelle ein, ohne daß man etwas dazu tun könnte. Eine komplexe Situation, die sich in

Bild
wie nach einem
Harmoniegesetz
dem Anruf
der Ähnlichkeit
folgend

der Richtung auf eine nicht notwendigerweise einfachere Situation hin entwickelt, aber doch in Richtung auf eine bekannte, eingeordnete, beruhigte, entminte (mehr oder weniger!).

Daher jene Rückwendungen zur Jugendzeit, zur Kindheit, deren Situationen für immer Grundsituationen bleiben, weil sie die zuerst eingeordneten waren, Grundlage unserer Welt von persönlichen Allegorien und Symbolen.

Mit tausend Tastversuchen prüft also der Schlaf die Stellen, wo die Bilder hinkommen und sich in die Gemeinschaft des Vergangenen einfügen könnten, dem Gesetz der Ähnlichkeit blind gehorchend. Närrische Bilder, gewiß, aber oft genug brauchte ich nur die magischen Worte zu ergänzen: »das läßt mich denken an ...«, »das erinnert an ...«, und die beiden von Natur so entfernten Fixpunkte erschienen mir vereinigt in der Form von Vereinigung, die ihnen entsprach und die ihre gegenwärtige bizarre Zusammenziehung beherrschte.

Aber diejenigen, die lange und starke Träume haben, könnten sich besser als ich hineinversenken und das Echte und das Unechte des Traumgleichnisses erkennen[1].

1. Diese geistige Tätigkeit vollzieht sich auch während des Tages, aber unvollständig, da sie

Die Droge ebenso wie der Wahnsinn,
ebenso wie die mystische Kontemplation,
ist ein ausgezeichnetes Mittel, um den
Dämon heraufzulocken. Sie ist
eine wahre Offenbarung des Dämons,
das heißt der dämonischen Tätigkeit,
das heißt der menschlichen Dualität.
Eine nicht feststehende Dualität. Unaufhörliche Dualisierung.
Normalerweise hat man ein korrektes *Ich*
und macht (annähernd) einen korrekten
Gebrauch von den Personen
der anderen und von der eigenen; mitsamt seinen Begierden, seinen Fähigkeiten, seinen Möglichkeiten, seinen
Rechten, und man wünscht auch einen
korrekten Gebrauch von alledem zu
machen; und andererseits hat man ein
»perverses« *Ich*, ein mißgünstiges,
grausam als Beobachter und mit Perversität handelnd oder an das Handeln
denkend.
Außerhalb dieser beiden gibt es flüchtige
oder unklar umrissene »Iche«. Man
könnte viel mehr von ihnen zum Leben
zulassen. Man hat sie als Lebenspotential
in sich.
Neue und starke Eindrücke neigen dazu,

durch die autoritäten Verfahren der Konstruktion, der Komposition, des Kalküls, die der sogenannten Träumerei Widerstand leisten, in die Enge getrieben wird.

neue Bewußtseinszustände zu bilden, die neuen Bewußtseinszustände neigen dazu, neue Persönlichkeiten, wenn auch nur kurzlebige, momentane, zu bilden. Fluktuierende Gemütszustände machen fortwährend verschiedenartige »Ich«-Versuche.

Eine Situation außerhalb des Gewohnten verlockt und nötigt zu einer neuen Grenzüberschreitung in der Dualisierung.

Das häßliche grimassierende Gesicht

Wenn es schlimm kommt (im Meskalin-Experiment), sehe ich das häßliche Gesicht, sehe es in häufiger Wiederholung an mir vorüberziehen, es betrachtet mich mit einem gehässigen Ausdruck, und ich wende oder lenke mich so schnell ich kann (eine Sekunde ist schon zu lange) davon ab. Sein Ausdruck ist so gehässig, daß es mir töricht erschiene, ihn meinem »Ich« zuzuschreiben, und wäre es zweimal verdoppelt.

Warum so gehässig? Warum, wenn es nur »Ich« in der Verdoppelung ist, warum blickt es mich so boshaft an, mit einem so leidenschaftlichen Haß? Wenn die Verachtung genügt, warum dann mich so sehr hassen? Es ist ein Ich, wenn es Ich ist, das absolut nicht mit mir zusammengeht. Seine Augen sehen meine Duplizität, sein sardonisches Lachen, das mich fortwährend angrinst, ohne

daß ich etwas dagegen vermag, ist unvergeßlich[1].
Die Irren haben solche Gesichter mit so einem wütenden Orang-Utan-Blick gesehen, und sie haben sie manchmal gemalt. Die christlichen Mystiker haben von diesen fürchterlich häßlichen Gesichtern gesprochen, die von einer solchen Bosheit *ad hominem* sind, daß sie jeden Mut wegblasen.

das widerliche Gesicht

Sobald ich in Schwierigkeiten bin, kommt es, das abstoßende Gesicht, das ich wohl schon dreißig- oder vierzigmal gesehen habe, von dem ich mich sofort abwende, fortstürze, mir Wasser über Hände und Stirn zu gießen, der gräßliche, grimassierende Kopf, der mit Wonne mein gehetztes Menschendenken verfolgt.
Nicht Gott, sondern der Dämon sieht dann den Menschen, er ist nun das Gewissen des Menschen, ein Gewissen, das übrigens wie das andere Gewissen sich *entrüstet*, aber über das Gute, über die Anstrengung, über das Ideal, und dieses Gesicht haben die reinen Schauenden gewiß um so übertriebener in seiner Bosheit erblickt, je weiter ihr erstes »Ich« zur Heiligkeit gelangt war.

1. Die Verzerrung der Linien, die hier ein gewöhnliches Phänomen ist, erklärt zum Teil das Monströse, Grimassierende, die »Drachen«-Formen, aber nicht den starren Haß.

Er aber, niemals eingeschüchtert, ganz und gar nicht einzuschüchtern, er blickte sie an, mit der Klarsicht der Mißgunst. Verdoppelung, Erscheinung der Kontrolle, die der Mensch über sich selbst ausübt (das korrekte Ich über das perverse Ich und das Perverse in ihm über das Korrekte in ihm), um so aufregendere Verdoppelung in den schrecklichen Umständen, wo der Mensch mit einem neuen Führer zugleich einen neuen Verräter gefunden zu haben scheint. Und die Grimasse ist sein Zeichen. Schlimm, wenn das Grimassierende immer schlimmer grimassiert; das *verneint dich* in entsetzlicher Weise.

Die Grimassen des Dämons sind eine Erfahrungstatsache. In meinem Normalzustand und sogar im Traum habe ich nie und nimmer ein derartig unerträglich luziferisches Gesicht gesehen. Die aus dem Mittelalter sagten mir nichts. Die Idee, den Dämon durch die Grimasse auszudrücken, erschien mir immer als letzte Abgeschmacktheit und als Beweis für die Stupidität und die Phantasielosigkeit der guten Menschen.

Indessen bezeugt Catherina von Siena, und sie ist sehr aufmerksam:

». . . Das Gesicht das Dämons ist so fürchterlich, daß kein Mensch Mut genug hat, um sich ihn vorstellen zu können.«

. . .
»Du weißt (sagt Christus zu ihr), wenn ich ihn dir nur einmal zeigen würde, nur einen ganz kleinen Augenblick lang (recht eigentlich in einem »Zeit-Punkt«), dann würdest du, wenn du wieder zu dir gekommen bist, lieber bis zum Tage des Jüngsten Gerichts auf einer Feuerstraße gehen und unablässig über sie hinlaufen, als ihn noch einmal wiederzusehen.«
(Traktat über die Verschwiegenheit. Kap. XXXVIII.)
Und nochmals, denn das Gesicht spricht nicht mit sich allein:
»Als der Dämon dich niederwerfen wollte und dir dein Leben zeigte wie eine lange *Doppelzüngigkeit . . .*«
Derart ist das Gesicht des boshaften Klarsichtigen, Jenes, der absolut *nicht auf dich hereinfällt* (auf dein korrektes Ich . . . oder dein heiliges, wenn es sich um einen Heiligen handelt), der dich genau an dem Punkte entmutigt, wo du deinen Mut herholst, deinen Mut, den du so nötig hast in deiner schwierigen Situation.
Es ist auch das Antlitz desjenigen, der in dem paranormalen, gefährlichen Zustand, in dem du dich befindest, und während du zu kämpfen hast, um dich aufrechtzuerhalten, eines Sinnes ist mit dem krankhaften Prozeß,

der auf die Annihilierung deines geistigen Daseins gerichtet ist.
Häßlichkeit, deren Anblick man nicht ertragen kann, weil sie den Zerfall jeder sittlichen Kraft, jedes »virtus« darstellt, jeder Festigkeit oder Vornehmheit, und durch das schlechte Beispiel den Zusammenbruch der unseren herausfordert.
Unablässige Umkehrung jeden Mutes wie jeden Ideals, unablässige Verunglimpfung der großen Aufschwünge und sogar des Selbsterhaltungswunsches.
Der Überzustand ist im Verhältnis zum Normalzustand ein lasterhafter Zustand. Sogar ein Heiliger (obwohl er keine andere Droge genommen hat als die der Askese und der Erschöpfung) weiß, daß es darin etwas Monströses gibt, etwas wie eine Perversion der Natur. Der Dämon ist dieses Wissen, dieser Eindruck, ins Bild umgesetzt, Person geworden . . . zufolge der unwillkürlichen Tätigkeit der vollziehenden Einbildungskraft, die alles in einem Bild ausdrückt.
Durch Figuration, automatisch vielleicht, jedenfalls aber unwiderstehlich, geschieht es, daß der Mensch im Überzustand »ein dämonisches Gesicht projiziert«, das *sich über Zerstörungen freut.*[1]

1. Die Spaltungsmöglichkeiten des Bewußtseins sind vielfältiger Art; so könnte dieser Kopf, der so »seltsam« erscheint, einfach der-

Absurd, wird man sagen, ein komplizierter, abnormer Prozeß. Nicht absurd im Überzustand, wo die Idee oder der Eindruck allmächtig geworden sind, allbeschwörend, schöpferisch, und dem verheerenden Phänomen ein lebendiges Gesicht geben. (Es ist immerhin möglich, daß man eine Realität wahrnimmt.
Aber welche?)[2]

jenige des wirtschaftsführenden Ich-Elements sein und in stummem Zorn sagen: »Das also machst du aus unserem Haushalt?«
Sancho Pansa also, oder auch, wie ein Freund sich ausdrückte, mit dem ich darüber sprach, die Ehefrau (als Gewissen deiner Gesundheit, deiner Situation, deines »Lebensschiffes«, wie früher die Eltern sagten), die nicht mit dir geht, dich in deinen Schwächen kennt, dich mißbilligt und gegenwärtig dein Betragen verabscheut . . . und dich haßt?
Sie müßte jedoch vor allem zornig sein, wenn sie sieht, wohin ich sie führe, aber das ist sie ganz und gar nicht. Nie habe ich an ihr eine Spur von Zorn bemerkt, die mir doch gewiß kenntlich gewesen wäre.
Ihr glühender, heftiger, überaktiver Haß, das ist das Phänomen (und nicht Verachtung, Zorn usw. . . .) und dazu die Freude, mich in der Falle zu sehen.
2. Und wenn sie wirklich existierten? Wenn ich in solchen entsetzlichen Augenblicken zum hypersensiblen »Seher« meines Unheils geworden wäre und jene wahrnähme, die in ihrem bösen Willen tatsächlich nach meinem Untergang, der ihnen Wonne bereitet, streben, Dämonen, irrende Seelen, astrale Larven?

Vielleicht ist es auch etwas wie der Beginn, die Vorahnung, das Vorzeichen, dir eingeblasen, ohne daß du es begreifst, des diabolischen Zustandes, wo, wie Angela von Foligno sagt, »die Seele sich ihrer Fähigkeiten beraubt sieht, und obgleich sie nicht in die Laster willigt, sich gegen sie ohne Wehr sieht«. Vorzeichen Desjenigen, der in einem Jenseits wohnt, wo die Seele mit einem überraschenden zeitweiligen Einverständnis eintritt, entführt, wahnberauscht, in einem diabolischen Wirbel von Perversität.

Der innewohnende Dämon, der sich eben noch gezeigt hat, zeigt sich hernach nicht mehr. Er handelt. Die dämonischen Auswirkungen, ebenso wie die Auswirkungen der Geisteskrankheit, keiner kann wissen, was das ist, der es nicht erlitten hat, durchgemacht im tiefsten Grund seines Selbst. Ein großes Anfluten von wirksamen, behexenden Perversitätsgedanken, die, synergetisch vereinigt, mit Höchstgeschwindigkeit zusammenarbeiten, in einem Maelstrom-Unheil, in einem grenzenlosen, überschwenglichen, hingerissenen Unheil, das sich nicht dem Heil entgegensetzt, sondern dem Ideal, dem himmlischen, als die Kehrseite des Ideals, als das Ideal des Zutalestürzens, das man entsetzensstarr

betrachtet, aufgeweicht, jeder Wille im tiefsten entkernt.
In diesem äußersten Zustand, in dieser Trance, kommt es zu einer richtigen Bessenheit.
Besessenheit wovon? Durch das Ideal der Perversität, das jeder Mensch, ohne es zu wissen, in sich trägt, dieses Ideal, diese ganze Gruppe von Gedanken und Wünschen, zeitweilig »Ich« geworden, ein Ich, das vollständig hingerissen wird, in schwindelnder Bewegung.
Tausende von Heiligen haben sich beschuldigt, die allerunwürdigsten, die allerschlechtesten, die allerheuchlerischsten der Menschen zu sein. Man hat sich darüber gewundert. Aber man muß es ihnen glauben. Sie haben sich gesehen. Ihr dämonisches Doppel, unzerstörbar von aller Tugend und angewidert von ihrer Heiligkeit, das deren Kehrseite und Untergrund beobachtete, es hatte sie belehrt. Sie wußten, wovon die Rede war.
Vom unergründlichen Unheil. Von der unergründlichen Dualität. Von der hartnäckigen Beschuldigung des falschen Spiels, die der Andere vorbrachte.

Das vorliegende Werk war schon im Satz, als ich zweimal flüchtig die Erfahrung mit dem *Diethylamid von d-Lyserg-Säure* in schwachen Dosierungen machte. Schwierige Beobachtung, häufig in lange Zustände der Abwesenheit verschwimmend. Pfützen von Gleichgültigkeit. Trägheit. Wie unter Meskalin[1] und bei allen Drogen und vor allem: *Zwischenzustände nüchternen Bewußtseins –:* hier ernsthaft und lang ausgedehnt –[2].

Zweiter Versuch mit L.S.D. 25

Auf der Suche, was mir fehlen mag, umstreicht mich meine innere Aufmerksamkeit, während ich meine Einheit verliere. Mein Zimmer steht in keinem Verhältnis

1. Unter Meskalin-Einwirkung zeigen sich vor allem Mikro-Unterbrechungen. Könnte man aus ihnen nicht einfacher als ich es bisher getan habe, die sehr schnellen Aufhebungen von Gefühlen, Impulsen, Gedanken erklären, die keine eigentlichen Kehrtwendungen erleiden, sondern Mikro-Ablenkungen?
Man kann auch an Polarisations- und Depolarisationsvorgänge der Neuronen in fast unmittelbarer Folge denken. (Aber wo? Welche?)
2. Die Zeichnungen, die daraus folgten, zeigen Formen voller Lücken, eine *lückenhafte* Welt, eine unregelmäßige und lückenhafte Ausfüllung des Blattes. Bewußtsein der Bewußtseinslücken.

mehr zu meinem Dasein, es hat keine Freundschaft mehr für mich. Verloren meine Wohnstatt in ihm, verloren meine Wohnstatt in mir. Ausquartiert. Zwiequartiert. So als wäre ich zu gleicher Zeit an einem andern Ort.
Claustrophobie und der Eindruck, momentweise, schon ausgegangen zu sein und, obgleich ausgegangen, doch noch ein bißchen hier zurückgehalten. So als wenn ich zugleich auch ohne Gehirn weiterdenken würde. (Wielange könnte ich wohl dieses Kunststück durchhalten?)
Es fällt mir ein, daß das Dasein keine Gestalt hat. Man wußte es. Ich fühle es. Das ist schwerwiegend. Es ist nicht beruhigend.
Wie soll man jemals hoffen, die Ruhe zu finden, wenn man keine andere innere Form als die metaphysische hat?
Handeln gefriert in mir.
Alles das, woran (in der Intelligenz) der Wille arbeitet, ist dabei, zu verschwinden, oder ist schon verschwunden: die »Drill«-Funktion des Stöberns, des Löcherns, der Jagd, der Forschung, der Verifikation, das Verfahren, das darin besteht, die Intelligenz unablässig an den erwählten Betätigungspunkt heranzubringen und wieder heranzubringen (Fox-Terrier, der zum Fuchsloch zurückkommt), die Beharrlichkeit, der Ober-

befehl über die Intelligenz. Ihre Polizei. Lesen geht nicht mehr[1]. Meine Zeit liegt nicht mehr vor mir. Bleibt nur ein Kindertag. Von meinem vorhergesehenen, vorgeplanten Erwachsenentag sehe ich in Fetzen die letzten Strukturen, und sie entfliehen.
Ich hatte doch so viele Pläne! Liegenlassen von Gedanken. Vorzeitige Vollendungen von Gedanken, von Handlungen. Ich vergesse, ich weiß nicht mehr, wo der Bleistift ist, wo das Papier, wo der Korb mit Orangen. Ich kann mich nicht mehr auf die »Wo« hinlenken. Der sein Reich in meinem Zimmer regierte, ist kein Herrscher mehr. Der die Orte wußte, Zeiten, Details verfolgte, der die Topographie zusammenhielt, er macht jetzt Urlaub. Liegenlassen der Forschung. Unfähigkeit, die Jagd wieder aufzunehmen: nach rückwärts, das heißt in der Erinnerung, nach vorwärts, das heißt in der Vorbereitung der Zukunft. Nackte Zukunft. Nichtige Zukunft. Zukunft ohne Zielwinkel. Denken ist nicht mehr eine Folge von Pointen, das heißt Anstrengungen der

1. Wie müßte es um das Studieren bestellt sein, wenn schon ein ungefähres Durchblättern kaum möglich ist? Ohne Anstrengungen, ohne Beharrlichkeit, ohne festgehaltenen Plan, keine Ausdauer in der Lektüre.

Aufmerksamkeit, Augenblicken, wo man es wieder in Schwung bringt und es von neuem anordnet, kraftvoll, nach einem Thema; Denken ist jetzt auf eine einzige Pointe reduziert, auf eine einzige Anstrengung (am Ausgangspunkt), um danach vollständig aufzuhören.

Gehirn *behält* nicht mehr.
Gehirn hat keine *Fassungskraft* mehr.
Meine Handlungen erleiden Pannen, meine Bewegungen machen mitten auf dem Wege halt. Eine Orange, die ich genommen habe, um sie zu essen, vergesse ich zwischen meinen Fingern. Dann halte ich mitten im Schälen inne. Dann unterbreche ich mich, während ich ein Viertel zum Munde führe. Ich unterbreche mich mit gehobener Hand. Vergebliche Anrufe in mir, Anrufe an irgendetwas, das nicht mehr vorwärts geht. Aus Vorsicht lösche ich das Feuer, unfähig wie ich bin, es zu kontrollieren. Funken könnten herausfliegen und die Papierblätter, den Teppich, die Möbel in Brand stecken, ehe ich eingreifen würde. Die Initiative ist tot. Immer zu schwach die Antriebe. Schwierigkeiten, der Zeile zu folgen. Da jede Handlung aus einer Kette von Gesten besteht, die harmonisch ineinandergefügt werden müssen, aufeinanderfolgend, finalistisch bestimmt,

komme ich mit keiner einzigen mehr zum Ende, ich unterbreche mich mehrere Male *vor* dem Ende der Kette. Auflösungen der Kontinuität.

Es gibt einen Bremsmechanismus in mir

Halbschlummer. Preisgabe. Es gibt immer exzessivere Bremsen in mir. Bewegung hält beständig inne. Gesten halten inne. Vergessen der begonnenen Geste. Totales Vergessen. Als wenn das nie existiert hätte. Seit geraumer Zeit empfinde ich etwas wie eine Woge, die in mir stiege, stiege, stiege und nicht zurückfiele. Wann wird sie endlich zurückfallen? Ich fange an Tee zu trinken.

Einige Visionen. Rapid genug. *Ripple marks.* Unzählige Schuppen. Unbestimmte Aufteilung. Von Zeit zu Zeit sehr langsame, anhaltende, flach abgezogene Bilder, die sich nicht mehr rühren, beobachtbar, manche bewundernswert. Halbschlummer. Dann Schnelligkeit von neuem einsetzend. Was heißt das nur?

Ich beobachte es ein halbes Dutzendmal, ehe ich daran glaube.

Einige Visionen, die mir mißfallen, mich ermüden, scheinen aus meinen Fingern beim Zeichnen hervorzugehen, so als zwängen sie sie und mich mit ihnen, ohne Unterlaß zu zeichnen. Ich lasse mich ablenken.

Bremsen. Mehr und mehr Bremsen. Ich brauche Zeit, viel Zeit in meiner Bestürzung, ehe ich meine Bestürzung bemerke.

Im Zustand des stupor

Zwischen zwei Mattscheiben gelingt es mir, nach einer Anstrengung, die eine der größten meines Lebens ist, den Telephonhörer zu ergreifen und D., einen Freund, anzurufen.

Gleich springt er mitten hinein in einen tumultarischen Bericht von kleinen Ereignissen, die ihm passiert sind. Er ist in Fahrt. Er hat die Telephonierwut. Er erzählt. Er erzählt, ohne mich ein einziges Wort anbringen zu lassen, denn er spricht extrem schnell. Aber plötzlich (denn meine Trägheit maskierte eine äußerste Munterkeit, die, koexistierend, obgleich bisher nicht in Erscheinung tretend, nur eines Anreizes bedurfte, wie es bei gewissen Katatonikern vorkommt, die seit zehn Jahren gelähmt sind und auf einmal »herausspringen«, extrem wach, so als wäre nichts gewesen), plötzlich durch diese Worteflut von der Blockade abgelenkt, die ich bis dahin zweifellos auf die visionären Bilder ausgeübt hatte, sehe ich rechts und links von meinem Partner, den ich mir deutlich vorstelle, Tausende von Bildern auftauchen, hauptsächlich Landschaften, Gelände, geschüttelt durch ein unaufhörliches mächtiges Erdbeben, dessen scharfe und großartige Bruchlinien ich sehe, die – wie soll man das erklären – mein Gesprächspartner beständig zu überschreiten, hinter sich zu lassen scheint, um sich zwischen neuen Geländen zu befinden, die ihrerseits gleich wieder Risse bekommen, dem furchtbaren stoßweisen Beben unterworfen. Obgleich ich mich in meinem Zustande wenig für seltsame Geschichten interessiere, besonders wenn sie ziemlich dünn sind, mache ich mich daran, entschieden animiert, um ihm zu Hilfe zu kommen, eine Menge Dinge zu erfinden, die zu tun wären, spaßige Lösungen, so gut, daß er schließlich zu mir sagt: »Ach wahrhaftig, mit Ihnen kann man wenigstens reden. Sie sind der einzige bisher, der mir wirklich zugehört hat.« (!) Wenn er wüßte! Tausend Meilen bin ich von dort weg. Manchmal allerdings, momentweise, komme ich sehr munter zu ihm und seinen Angelegenheiten zurück, wie zu einem komischen Bühnenstück, das in gar keiner Weise Wirklichkeitswert besitzt, wo ich weiß, daß ich von Zeit zu Zeit mitspielen muß, was ich tue, wie ich eben kann, auf Teufelkommraus, mit unerwarteten Anregungen und Erwiderungen. Das ist unerhört. Und ich werde mich immer daran erinnern als an einen der Gewaltstreiche der polyvalenten geistigen Aufmerksamkeit, deren ein Gehirn fähig ist, ohne die geringste Ahnung davon zu haben. Endlich gestehe ich ihm meinen Zustand. Ein wenig ungehalten, beruhigt er sich und legt bald auf. Schade, das habe ich nicht gewollt. Ich bin eher mitteilungsbedürftig und heiter. Der Tee hat vielleicht auch gewirkt, da ich sonst fast nie welchen trinke, aber ich habe Lust darauf gehabt, um gegen die Trägheit anzukämpfen, und das scheint mir in der Tat das Richtige gewesen zu sein. Indessen laufen die »befreiten« Bilder weiter und werden mehr als drei Stunden lang weiterlaufen, in raschem Tempo, ein erstaunlicher Film, der manchmal langsamer läuft, sich kaum noch bewegt, ganz anhält, mir gestattet, ein Bild in Farben zu betrachten, Farben, die übrigens prächtig sind (Gelbs, in »meinem« Meskalin sehr selten, dunkle Lacke oder flammendes Grün, Goldkäfergrün), ein Film, von dem ich mich manchmal abwende, um in Gründe zu gleiten, aus denen ich nicht sobald wieder auftauchen kann (dabei war ich mir dieser Gründe zuerst nur als Hintergründe und nicht als Abwesenheiten bewußt) – und siehe da, an irgend einem Umweg bieten sich mir, rollen auf mich zu, Ringellöckchen, eine Unendlichkeit von Ringellöckchen, Häkchen, Kommas, gedrehte Seile, Zöpfe, Flechten, Korkenzieherwindungen, Schleifen, Schlingen, Kommas, vor allem Kommas, Spitzen, Spitzen über Spitzen, ein Überfluß von Spitzen, Spiralfransen, Ornament um Ornament, und Komplikationen[1], unendlich verschlungen und verhakt, die mich denken lassen: »Unsinnig das Ornament. Allzu gewagt. Gewiß hat ein Betrunkener das Ornament erfunden.« Wieder einmal erinnere ich mich an die muselmanische Kunst (die offenbar aus den Haschischvisionen hervorgegangen ist) und wiederhole mir einen Satz aus dem Traktat über Akustik: »Die Kurve der Aufnahme einer Stimmgabel ist eine Sinusoide, und die Kurve der Vibrationen einer Saite besteht aus periodisch wechselnden Girlanden.« Denn über alles dies, über lauter Wellenbewegungen, gehen in unaufhörlichen Zügen die unzähligen krausen Ornamente hin, zeichengewordene Zuckungen. Der Genuß, die Tausende von Mikrogenüssen, die ich

1. Die Ornamente, hundertmal mehr verknotet, verschlungen und verworren als normalerweise, entsprechen der Art, wie die Objekte von manchen Menschen gesehen werden. – So in der Beobachtung von J. Delay und P. Pichot, B. Lainé und S. Perse: *Annales médicales psychologiques,* Juni 1954: »Die Gegenstände am Rande des Gesichtsfeldes sind beweglich oder *wogend,* der Schrank rückt von der Stelle, *windet* sich.«

darin finde, ihnen zu folgen, dieser Vielfältigkeit einer sinnverstörenden, phänomenalen Verschwendung, die mich beugt und mich streckt, in kleinwinzigem Maßstab, vielfältig, hat etwas Orgiastisches, einen närrischen, fiebrigen und zwergenhaften Orgasmus darstellend. Sollte der Manierismus der Katatoniker nicht zu dieser inneren ornamentalen Schamlosigkeit Beziehung haben, zu diesen Kommas und Kommachen, zu diesen munteren Spitzen? Sollten ihre verschnörkelten Redensarten, ihre Mätzchen, ihre Gestikulationen und ihre spitzfindigen, gesuchten, gewundenen und schwülstigen Formen nicht den korkenzieherartigen Bildern entsprechen[1], Rokoko, Überladung, usw. . . .

Die Visionen, im ganzen fast immer abstrakt, ornamental, haben mich erschöpft[2].

Ich lege eine Schallplatte auf.

Beinahe sofort, trotz eines gewissen

1. Ich selbst habe drei oder vier Serien von Zeichnungen »erlitten«, die ziemlich albern, lang und von sehr schlechtem Geschmack waren: eine über Gesichts-Brüche, Gesichts-Risse, Gesichts-Knicke, aber ich habe sie bald aufgegeben, und das Beispiel beweist wenig.
2. Weil man ja gewissermaßen Feste feiert mit den Ornamenten, den Kommas und der ganzen Vielfalt, die einen überschüttet.

Vergnügens, das ich daran finde, wird die Musik von grotesken Bildern begleitet, voll putziger Stellungen, von frechen Tänzen oder vielmehr Affereien, einem richtigen parodistischen Kommentar, einer agierten Verhöhnung der Musik, die vorüberzieht, oder vielmehr der Inhalte, die sie vorüberziehen lassen möchte. Daran erkenne ich die Gegenwart des Anderen, des geschworenen Feindes jeden Aufschwungs und jedes Enthusiasmus, woher er auch kommen möge, dem er sich unablässig, blind, automatisch widersetzt.

Im ganzen läßt sich die Eigenart der Wirkung von L.S.H. 25 auf zwei Feststellungen zurückführen:

1) die Aufeinanderfolgen – auf die, soweit mir bekannt ist, noch nicht hingewiesen wurde – von visionären Bildern, äußerst schnellen vom Typ des Meskalins, und abgebremsten, verlangsamten oder *angehaltenen* Bildern.

2) Seine andere Überraschung, sein eigentliches Puzzle-Spiel liegt in der Aufeinanderfolge von Passagen *großer Lebhaftigkeit* vor allem sprachlicher Prozesse (was unter Meskalin selten vorkommt, wo das gesprochene Wort gehemmt ist, während das geschriebene weit eher respektiert bleibt) und von Passagen

großer Verlangsamung besonders in Gesten und Handlungen, die sogar bis zum Stillstand gehen kann.
Das Meskalin gibt in dir ein neues Tempo an, aber ein einziges. Sehr schnell – allzu schnell (das Tempo der Aufgeregten, der Hypomaniakalischen). Das L.S.H. 25 hat zwei Tempi – das meskalinische und ein zweites, sehr langsames – beide anomal, psychotisch.
Verlust der Initiative. Anfangsstadium von Katatonie. Ungenügende Wirkung der Anregungen (mit Ausnahme des Wortes!)[1]. Notwendigkeit einer ununterbrochenen oder stärkeren Anregung.
L.S.H. 25 in starker Dosis wirkt wie Bulbocapnin.
Dieser Stoff ist auch nicht ohne gewisse Beziehungen zu *Datura stramonium* (nach gewissen alten Beschreibungen zu urteilen), sowie mit ähnlichen »Hexenkräutern« oder »Verführungskräutern«, die zu letzterem Zweck Verwendung fanden[2].

1. Der Doktor X. sagt auch: »Ich glaube, es würde mir gelingen, den Kontakt zu bewahren, wenn man unaufhörlich mit mir spräche.« Versuch Delay, B. Lainé, *loc. cit.*
2. Wenn ich es richtig errate, verlieren die Frauen dadurch alle Initiative, besonders die der Abwehr, weil sie immer auf einen noch stärkeren Anreiz warten, um zu handeln, der aber nicht kommt, und so werden sie zu Op-

L.S.H. 25 erscheint mir vor allem schätzenswert für die Selbstbeobachtung der Auflösungsphänomene auf verschiedenen Stockwerken des Willens, wie sie sich bekanntlich gerade in die am meisten intellektuellen Tätigkeiten einschieben, Lektüre – Rechnen – Ausrichtung und Rekonstruktion der Vergangenheit – (Gedächtnis) – Ausrichtung und Vorbereitung der Zukunft – usw. . . .

Aus seinem plötzlichen Fehlen begreift man im Vergleich, wie außerordentlich wichtig für die Intelligenz das ist, was sie nicht ist, das, was Handhabung der Intelligenz ist, Macht über die Intelligenz. Man begreift die Wichtigkeit der Bemü-

fern, ehe sie den Augenblick zu reagieren herausgefunden haben. Sie haben auch den Plan der Widerstände verloren (denn es sind immer *mehrere* Handlungen nötig für *einen* Widerstand). Ein anderer gefährlicher Mangel, den der Mann ausnutzen kann und der sogar manche Männer verlocken wird, die nur zufällig dabei sind: Sie machen sich keine oder zu wenig Gedanken über sich selbst. Widerstehen, das heißt doch auch die Lage bedenken, sich beleidigt fühlen, künftige Gefahren voraussehen, Komplikationen, Schande . . . Alles das bringen sie nicht mehr fertig in diesem seltsamen Zustand, und die Verführung ist vollzogen, ehe sie daran gedacht haben (d. h. ehe sie dafür Interesse gefaßt, mit dem Denken rekognosziert haben).

hung (Fähigkeit zu Bemühungen und Verlangen nach Bemühungen), die man sonst kaum anderswo als in der Gedächtnisarbeit vermerkt hatte – und die sich in jeder geistigen Tätigkeit findet.
Wer weiß? Die Droge könnte darin erzieherisch wirken. Sie könnte manchen Leuten jene niemals einfache »Ausschaltung des Gedächtnisses«, der sie sich überlassen und in der sie sich gefallen, durch das Schauspiel einer Passivität verleiden, die hier derartig übertrieben auftritt, daß sie nicht mehr anders als ärmlich, lächerlich, krüppelhaft wirken kann.
Jedoch treiben die Drogen häufiger in die Selbstvergessenheit hinein, als daß sie sie verleiden.

Wer dieses Buch gelesen hat, weiß jetzt: »Extrem« wäre der richtige Name für diese Droge[1]. Ein unfaßbares »Extrem«, ein irreführendes »Extrem«, ein überfließendes »Extrem«, ein übersteigerndes »Extrem«, ein schreckeneinjagendes »Extrem«, alles in Bewegung setzend, jedes beliebige in jede beliebige Richtung schleudernd, beschleunigend, beschleunigend, beschleunigend, Bilder in Fächern entfaltend, wie zum erstenmal die Worte so zeigend, wie sie sicherlich sind, Worte mit vielfältigen Bedeutungsmöglichkeiten, und die Ideen, die alles verbindenden, allem verbundenen Ideen »ent-deckend«.

»Extrem«, hat die Entfernungen vertauscht, hat, scheint es, deinen eigenen Arm, kaum wiederzuerkennen, einer außergewöhnlichen Verlängerung unterworfen. Das gleiche »Extrem« läßt dich eine unerträgliche, wenn auch großartige Erwartung erleben, oder es zeigt eine einzige Liane, die sechshundert Meter lang

1. Sein Gegenteil ist: »Gemäßigt«. – Dessen homöopathische Zubereitung, die die Wirkungen umkehrt: Mescal 12, eines der besten Beruhigungsmittel.

herunterhängt, oder es läßt am festlichen Jubel einer überirdischen Welt teilnehmen, die man weiß, die man zwar weder sehen noch unterscheiden noch erkennen kann, aber in die man einzutauchen vermag.

Das gleiche »Extrem« wirft dich in Ungeduld, in Aufgeregtheit, oder wird durch die Stoßkraft von Tausenden aufstrebender Linien (dieser vertikalitätstollen, dieser aufstiegstollen) in weniger als gar keiner Zeit Feenpaläste errichten, Rokokobauten mit Tausenden von Türmen und Türmchen, oder verborgene Wollüste in deinem Wesen entbreiten, die keinen Namen haben und noch niemals auch nur gedacht worden sind, oder selten erlebte, heimtückische Bedrängnisse, von denen man nicht weiß, wo sie hinauswollen, während faszinierend und seine Absichten nicht kundtuend ein Panther auftritt, lang wie ein Kabel, der sich in seiner ganzen Länge ausstreckt, sich mehr und mehr ausstreckt, nicht aufhört sich auszustrecken.

Nichts ist gemäßigt. Eine wahnsinnige Furcht, der man nicht entgehen kann, wird (wenn ein Wort oder eine Idee in die Quere kommt, aus der Ferne, dir

1. Telepathie mehrmals verifiziert. Allzu leicht empfängt man Bilder, Gedanken, wenn

gar nicht gehörend)[1] zu einem wirbelsturmartigen Optimismus, dem man sich ebensowenig entziehen kann, gefährlich, vorbehaltlos, ganz danach angetan, dich ohne Zaudern auf der Oberfläche des Wassers wandeln zu lassen.
Hier gibt es keine einfache Neigung.
Wenn man sympathisiert, verliert man sich und fällt in den Abgrund des andern. Eine Versuchung, die man erleidet, läßt keine Wahl mehr. Man wird hineingestürzt, verschlungen, in ein Unheil voller Leben, ein Unheil, das üppig um sich greift . . . wo ein innewohnender Dämon sogleich in Aktion tritt und allein auf den Trümmern des Ich weiterlebt.
Meskalin – Verführungsmechanik. Die unermüdlichen Vibrationen, diabolisch, auf denen man zu reiten scheint, und das Rodeo dauert acht Stunden, das heißt ein Jahrhundert.

man einer geworden ist, der Einflüsse aus der Ferne empfängt. Mehr vielleicht als man meint. Wie soll man das wissen? Der Gedanke eines anderen fällt in die Waagschale wie dein eigener. Er erscheint nicht weniger natürlich: ebenso jedes Bild. Immer »kommt es«, indem es plötzlich auf dem Bildschirm des Bewußtseins »erscheint«. Aus welchen Kulissen deines Theaters kommt es? Oder aus welchem entfernten Gehirn, das mit seinen Problemen beschäftigt ist?
Eines ist vom andern nicht zu unterscheiden. Das ist ärgerlich.

Unablässige Aufforderung, mit »Extrem« gemeinsame Sache zu machen. Wer wird »Extrem« zu lenken verstehen? Wer kann mit ihm spielen? Unmöglich, daß »Extrem« nicht viel hergäbe.
Die Unendlichkeit ist da. War niemals so nahe, so offenkundig, so dir gemäß, so entsprechend, dir antwortend, oder auch du, ihr antwortend . . . aber dennoch nicht sehr gut wissend, wie man zu verbleiben habe.
Ablenkung, Feind der Unendlichkeit, ist überall. Wie sich davor hüten? Unmöglich, lange in gerader Linie vorzuschreiten.
Dennoch muß man es lernen.
Im alten Mexiko gab es beträchtliche Vorsichtsmaßregeln, um nicht abgelenkt zu werden[1]. Erst nach einer Periode der Salz-Enthaltung, die gefolgt war von einem strengen Fasten, das wiederum gefolgt war vom Aufhören aller, auch der harmlosen Beziehungen zu den Frauen (die Frau, was sie auch für sich selbst sein mag, ist für den religiösen Mann der ärgerliche Abweg, der den Theotropismus

1. Übrigens war Alkoholrausch dort mit Todesstrafe belegt, während das Peyotl, die Nahrung der Götter, zur Religion gehörte.

2. Der Bericht des berühmten Carl Helmholtz, der die Huichols auf ihrer Pilgerschaft begleitete, bringt jedoch nichts wirklich Außerordentliches.

verhindert)[2], erst dann kamen die Pilgerschaft und die Zeremonien, bei denen Peyotl genommen und diese Welt verlassen wurde, um in die Unendlichkeit einzugehen.

Die Unendlichkeit.

Alles führt dahin . . . und alles wird unendlich davon abgelenkt; das ist das meskalinische Drama[1].

Aber alles führt dahin zurück.

Der geistige Mechanismus wird regelmäßig zu ihr hingezogen, und die Unendlichkeit findet sich immer am Treffpunkt ein. Seltsam ist das, ja seltsam. Unendlichkeit wie eine physikalische Tatsache, wie das Meer, das man erreicht, indem man ganz einfach bis ans Ende des Landes geht. (Aber nicht Substanz. Unendlichkeit also durch Flucht und durch unaufhaltsame Vertiefung . . .)

Seltsam.

Hat man nicht seine Zeit verschwendet, indem man die Meskalinwirkung beobachtete – und weitere Zeit verschwendet,

1. »Das Peyotl hilft anbeten«, antwortet ganz einfach einer der Gläubigen einem zeitgenössischen Reporter, der sich übrigens selbst zum Kult und zu den Praktiken der Menomini bekehrt hat. (»Menomini Peyotism«. *Transactions of the Philosophical Society,* Philadelphia. 1952, History of Peyotism among the Menomini, von Professor J. S. Slotkin.)

indem man sich selbst mit Hilfe des Meskalins beurteilte und aufstöberte?
Jener, der sich ganz einfach vom Endlichen abgeschaltet hat, von den Genüssen unter den Kontrollen des Endlichen, jener, der sich nur unterwarf, hat besser gehandelt.
Wenn die Vibrationshölle zum Vibrationsparadies geworden ist und das neue »Milieu« seine Falten ins Unendliche entfaltet, dann erlebt er in seinem aufs erstaunlichste rhythmisch getroffenen Wesen ganz einfach die Unsterblichkeit, die auch Unwandelbarkeit ist, die auch ewige Widerkunft ist, offenbar geworden durch die unwiderstehliche Empfindung der kontinuierlichen Verkettung.
Berauscht, besessen, fragt er nicht mehr danach, was er mit der Unendlichkeit machen soll, ob er sie lieben, sie anbeten, mit ihr verschmelzen soll, auch nicht, ob sie eine Illusion oder ein Irrtum ist, oder nur eine Etappe, oder eine Verheißung oder schon sein Nirwana – er ist überflutet und zugleich emporgetragen von der Woge, nach deren Wesen er gefragt hatte. Nachdem er die Frage hinter sich gelassen hat, nährt ihn die Nahrung der Götter.
Aber welch seltsames Ding dennoch, diese Abkürzungswege!
Eine schlecht verdiente Unendlichkeit.

Kurt Leonhard
Nachwort

»Ein Wort noch. Leuten, die eine einzige Perspektive lieben, könnte die Versuchung kommen, von nun an meine Schriften insgesamt als das Werk eines Drogensüchtigen zu beurteilen. Bedaure sehr. Ich bin eher vom Typ des Wassertrinkers. Nie Alkohol. Keine Exzitantien, und seit Jahren keinen Kaffee, Tabak, Tee. Hin und wieder Wein, aber nur wenig. Seit jeher, nur wenig, das gilt von allem, was man nehmen kann. Nehmen und sich enthalten. Hauptsächlich sich enthalten. Wenn man es gern wissen will: meine Droge ist die Ermüdung.«

Für Leser, die das noch nicht verdeutschte erste Meskalin-Buch von Henri Michaux nicht kennen, sei hier dieser Absatz aus dem Nachwort des Dichters zu *Misérable Miracle* angeschlossen. Man sieht, es wäre ein schweres Mißverständnis, zu glauben, Michaux habe die Versuche mit Meskalin unternommen, um »in der Trance neuer Inspiration teilhaftig zu werden«, wie ein deutscher Akademiker geschrieben hat. Der gleiche Rezensent spricht dann natürlich sein Bedauern aus, daß die vorliegenden Texte den Leser »wohl als Krankheitsbericht, nicht aber als Dichtung interessieren«, und fährt fort: »Denn was Michaux hier bietet, ist jene unselige *écriture automatique*, die André Breton 1924 forderte.«

Das sind zwei weitere Mißverständnisse, die beweisen, wie unaufmerksame Leser es auch unter Philologen gibt. Denn Michaux hat mit aller Deutlichkeit gesagt, daß seine Meskalinberichte weder Dichtung sein sollen noch unter dem unmittelbaren Diktat des Rauschzustandes ihre endgültige Gestalt erhielten. Seine Vorrede zu *Misérable Miracle* beginnt mit den Worten:

»Dies ist eine Erforschung *(une exploration).* Durch Worte, Zeichen, Zeichnungen. Erforscht wird das Meskalin.«

Und weiter sagt Michaux von der Textgestaltung:

»Da es nicht möglich war, das Manuskript, welches zugleich das Thema, die Rhythmen, die Formen, das innere Chaos ebenso wie die innere Abwehr in all ihrer Zerrissenheit übersetzte, in unveränderter Gestalt *(intégralement)* zu bieten, befand man sich in großer Schwierigkeit vor der Mauer der Typographie. Alles mußte umgeschrieben werden. Der ursprüngliche Text, der ebenso schaubar wie lesbar, ebenso gezeichnet wie geschrieben war, konnte in keiner Weise genügen.«

Der Text ist also nachträglich redigiert; mit Bedacht wurde der typographische Behelf der Marginalien gewählt, um doch noch etwas von den sprunghaften Inter-

ferenzen des »Überzustands« *(état second)* zu vermitteln.
Sogar die Zeichnungen, von denen eine kleine Auswahl in den Büchern publiziert wurde, sind, wie Michaux betont, größtenteils erst im Abklingen des Rausch-Erlebnisses oder aus der Erinnerung entstanden, mit der ausdrücklichen Intention, die durchgemachte Erfahrung festzuhalten, mag auch die Bewegung, die sie seismographisch wiedergeben, sich »sozusagen automatisch und blindlings« über die Zeit des eigentlichen Überzustandes hinaus verlängern und fortpflanzen. Dafür stammen die Handschriftenproben unmittelbar aus der Verstörung. Sie sind ganz Gegenwart: mit der Vehemenz der inneren Beschleunigung vermag die äußere Bewegung der Hand nicht mitzukommen, und die Schriftzeichen verwandeln sich in huschende Psychogramme.
Texte und Zeichnungen sind also zunächst nur als historische Dokumente gemeint. Sie blicken zurück auf Erlebtes, das in ihnen nachzittert, aber vergangen ist; und Michaux macht die wichtige Unterscheidung, daß dagegen alle seine früheren, im »normalen« Zustand geschaffenen Dichtungen und Bilder nicht etwas schon Geschehenes wiedergeben, sondern neue Möglichkeiten des Gesche-

hens entwerfen. Es ist leicht zu verstehen, daß die *Utopie* das eigentliche Gebiet des Dichters Michaux ist; seine Experimente mit Meskalin und die Berichte darüber bezeichnete er einmal gesprächsweise als *eine Flucht vor der Poesie* (also paradoxerweise eine »Flucht vor der Freiheit«, denn Poesie ist Freiheit, Droge Determination!).

Und doch wird jeder Leser dieses Buches wissen, daß diese Flucht nicht gelungen ist; nicht gelingen konnte und durfte. Den Dichter führen alle Wege zur Dichtung zurück.

Die dritte und bisher letzte Publikation, in der Michaux seine Meskalin-Erfahrungen verarbeitet, ist sogar in Form eines langen Gedichtes geschrieben. Man könnte versucht sein, von einer Trilogie zu sprechen. Aber es bestand kein vorgefaßter Plan; jeder der drei Teile ist für sich entstanden, als Zusammenfassung eines in sich geschlossenen Komplexes von Erfahrungen und Erkenntnissen. Das 1956 erschienene *Misérable Miracle* ist beinahe ein Buch gegen das Meskalin. Sein Thema ist auf weiten Strecken das »mal subi«, die freiwillig erlittene Krankheit rastloser Dynamik, und der Kampf des Menschen gegen die unwillkommenen Einwirkungen der Droge.

Wenn Halluzinationen auftreten, sind sie meist belanglos oder widerwärtig. Und doch gibt es auch in dieser götterlosen Wimmelwelt schon eine »Heimkehr zur wahren Zeit«, jenem *temps nouveau,* definiert als »die Zeit, in der Gott wohnen würde, wenn es ihn gäbe ...« (Misérable Miracle, p. 44). Einen entscheidenden Schritt weiter geht unser Buch von der »turbulenten Unendlichkeit« (1957), das erstmals zu kontemplativen Visionen vorstößt. Mit guten Gründen hat sich der deutsche Verlag für *L'Infini turbulent* entschieden, denn dieses Buch ist das zentrale Hauptstück der Trilogie und umfaßt die ganze Dialektik und die volle Variationsbreite des Meskalinrausches, von den tiefsten Punkten der Depression bis zur metaphysischen Synthese. Das Meskalin gibt sich als die Droge zu erkennen, die zur Adoration führt.
Diese *»adoration«,* die dann in dem Gedicht *Paix dans les Brisements* (1959) als ekstatischer Emporflug, ja als körperlose, in barocke Raumtiefen entfaltete Himmelfahrt gefeiert wird, dieses zwar nicht eindeutig christliche, aber um so entschiedener dem Numinosen hingegebene Entrückungserlebnis kann übrigens nicht allein der Gnade der Droge verdankt sein. Das Bild des Emporflugs

findet sich an mehreren Stellen im dichterischen Werk von Michaux bereits vorweggenommen.
Der Kenner der Bücher Michaux' wird vieles, was die »turbulente Unendlichkeit« realisiert, in teilweise sehr weit zurückliegenden Imaginationen seiner Poesie utopisch vorgeformt – oder, um einen Ausdruck von Leopold Ziegler zu übernehmen: magisch »vorgeahmt« finden.

Neuland des Bewußtseins zu entdecken – das ist von Anfang an der Sinn eines jeden Satzes gewesen, den Michaux je niederschrieb.
In seiner Jugend schwankte er zwischen dem Studium der Medizin und dem Eintritt in den Benediktinerorden, dann ging er als Matrose zur Handelsmarine. Noch heute bedauert er, daß sich schon nach seiner ersten Überseereise für ihn »das große Fenster wieder schloß«. In der Folge verlegte er das Abenteuer auf das Gebiet des Geistes, wenn er auch immer ein passionierter Reisender geblieben ist. Reisen, Schreiben, Malen sind für ihn nur verschiedene Formen des gleichen geistigen Ausdehnungsdranges.
Neuland erobern – das heißt aber zugleich: sich selbst befreien. Distanz von sich selbst gewinnen, indem man sich von

einem weit entfernten Standpunkt aus betrachtet, etwa mit den Augen einer erfundenen Person. Oder auch, indem erfundene Personen stellvertretend den Zwang und die Konflikte des individuellen Lebens auf sich nehmen, nicht im Sinne einer autobiographischen Darstellung, sondern als Äquivalent, ins Bizarre übertrieben und übertrumpft. So entstand jene berühmte Selbstkarikatur des Intellektuellen in der Figur des *Plume,* derb realistisch fast gegen die spätere vergeistigte Erfindung jener imaginären Wesen, die unter dem Namen *Meidosems* das Elend und die Ekstase des menschlichen Daseins zu einem säkularen Mythos erhob.

Es ist nicht schwer, Plume und die Meidosems auch in der »turbulenten Unendlichkeit« zu entdecken.

»Seine Schläfen singen laut im Tenor. Indessen straffen sich die Seile des inneren Tauwerks. Im Sturm hört er die große Welt, so wie sie wirklich klingt. Er ist in seine Bahn geschossen, und das Leben bekommt einen ganz anderen Sinn. In seiner Brust ist jetzt ein stampfender Wogengang, ein See der Erregung. Wie Luftblasen steigen immer neue Horizonte auf, wachsen, weiten sich, zerplatzen und steigen wieder auf, dehnen sich, weiten sich, und wieder, und

wieder . . . Fortschreitend und rasch entstanden, isolieren ihn jetzt Panzer von Schaudern, so wie den Schlafwandler sein tiefes Wissen isoliert . . .«
Diese Sätze sind keinem der drei Meskalinbücher entnommen, sondern einem zwanzig Jahre früher entstandenen Prosagedicht: »Der Unbeugsame« (*L'insoumis)*, enthalten in *Plume* (deutsch Limes Verlag 1960).
Selbstbefreiung – Neuland des Bewußtseins – Abenteuer zwischen exakter Medizin und mystischer Theologie –: so ließ sich das Schaffen dieses Dichters seit jeher beschreiben. Nur indem er den Menschen zum Objekt einer grausamen psychophysischen Analyse, ja mehr: zu einer grenzenlos wandelbaren, beeinflußbaren und lenkbaren Handpuppe unfaßbarer Mächte reduzierte, konnte es ihm gelingen, diesen Menschen zu transzendieren. Wie die Seefahrt das Abenteuer des Jünglings, so war das Meskalin das Abenteuer des Mannes, das er nicht ausschlagen durfte, als es sich ihm bot; denn nirgends konnte er hoffen, die Motive und Leitideen seines bisherigen Lebens so wirksam vereint zu finden: das Medizinische und das Theologische, die Einheit von körperlichem und geistigem Erleben, die Selbstverfremdung zum Objekt eines uner-

bittlich determinierten Prozesses und die Selbstermächtigung des Subjekts als des autonomen Trägers der unendlichen Turbulenz.

Um in aller Kürze die wichtigsten wissenschaftlichen Fakten in Erinnerung zu rufen: Meskalin ist eines der sechs Alkaloide, die im Peyotl, dieser alten kultischen Rauschpflanze der Indianer, enthalten sind; es ist weder ein Opiat noch ein Barbiturat, sondern in seiner chemischen Zusammensetzung am ehesten dem Adrenalin verwandt. Meskalin beruhigt nicht wie Morphium, es schmeichelt nicht mit Wunscherfüllungen wie Opium, es versetzt nicht in genüßlich-phantastische Illusionswelten wie das (von Michaux als »possenreißerisch« bezeichnete) Haschisch. Die medizinische Sonderstellung des Meskalins liegt schon allein darin, daß der wohl mit allen Rauschgiften verbundene »Katzenjammer« nicht hinterher eintritt, sondern im Anfangsstadium vorweggenommen wird, ein Stadium, über das der »Meskalinisierte« oft genug gar nicht hinausgelangt. Meskalin demütigt den Menschen, macht ihn seekrank im ruhelosen Gewoge einer dynamisierten Existenz, bringt ihm seine Ohnmacht zum Bewußtsein, reduziert ihn zu einer verwehten

Spur oder zu einem dünnen Faden – ähnlich den *Meidosems* oder den Menschen Giacomettis, den Fabelwesen in der Malerei eines Klee, eines Mirò, eines Masson, nicht zuletzt in den gewalttätigen – nicht meskalinischen – Tuschzeichnungen von Michaux selbst. Es handelt sich also keineswegs um einen unmittelbar angenehmen Rauschzustand. Der Mensch wird zu einer Handvoll vibrierenden Staubes. Aber zum Ausgleich wird er so fein zermahlen, daß er, freilich unter gewissen psychologischen Voraussetzungen, in alle Poren der Objekte, in alle Fugen des universellen Seins einzudringen vermag.

Der Freiburger Psychiater Dr. Beringer hat schon 1927 mit einem umfangreichen Buch Aufsehen erregt, das Meskalin-Experimente beschreibt, die er als Assistenzarzt der Heidelberger Psychiatrischen Klinik mit Studenten und anderen freiwilligen Versuchspersonen anstellte. Aus den Berichten der betreffenden Personen geht hervor, daß sie unter Meskalin-Einfluß vorübergehend das Identitätsbewußtsein verloren, sich selbst entfremdet wurden, dafür aber die Fremdheit zwischen sich und der Außenwelt aufgehoben wähnten. Die Windungen einer Treppe werden z. B.

wie Bewegungen empfunden, die der Betrachter mit seinem eigenen Körper ausführt, feste Wände scheinen sich zu neigen, der Boden Wellen zu schlagen und zu atmen, die Umweltbilder, die sich aus manchen Schilderungen ergeben, gleichen kubistischen oder expressionistischen Kompositionen. Solche Erlebnisse wirken sich besonders eindringlich aus, weil alle Sinneswahrnehmungen abnorm geschärft, ja hysterisch übertrieben erscheinen. Einige Versuchspersonen allerdings erfuhren wenig mehr als einen Zustand von Übelkeit (abwechselnd oder sogar gleichzeitig mit grundloser Heiterkeit), und auch der Identitätsverlust wird vielfach als unangenehm empfunden, in einzelnen Fällen sogar bis zu äußerster Angst und Pein. Wenn auch Beringer in seinen Interpretationen das Phänomen einer für das Meskalin typischen Euphorie festhält, ist der Eindruck nicht von der Hand zu weisen, daß der psychologische »Umschlag« in »mystische« Erlösung bei Europäern bemerkenswert selten zu sein scheint. Schon um die Jahrhundertwende war ja die Entdeckung gemacht worden, daß Meskalin ähnliche Symptome hervorruft wie die Schizophrenie; aber gerade durch die Spaltungsphänomene, die es bewirkt, wird verständlich, daß es auch eine Erweiterung des Bewußtseins über die Grenzen des Ich hinaus zur Folge haben kann, die es zum eigentlichen religiösen Stimulans unter den Drogen macht. Heute noch haben christliche Indianersekten den Brauch ihrer Vorfahren nicht aufgegeben, sich durch die Alkaloide des südamerikanischen Kaktus Peyotl zur gemeinsamen Andacht stimmen zu lassen. Dem Surrealisten Antonin Artaud war diese Erfahrung eine Mexikoreise wert. Und wenn man bedenkt, daß nach übereinstimmenden Aussagen der Ärzte Meskalin keinerlei Süchtigkeit zur Folge hat, keinen Wiederholungszwang, ja daß es sogar im Dauergebrauch weniger schädlich sein soll als Alkohol oder Tabak –, dann kann man Aldous Huxley verstehen, der in seinem 1954 erschienenen Aufsatz »*The Doors of Perception*« (deutsch – »Die Türen der Wahrnehmung« – zuerst in der »Neuen Rundschau«, dann Piper-Verlag, München) diese mexikanische Droge beinahe als Volksnarkotikum propagiert.

Von solchen voreiligen Folgerungen ist Michaux allerdings weit entfernt. Es wird wenige Menschen geben, die sich von seinen Berichten zur Nachahmung verlocken lassen. Denn er schildert nicht nur die Ekstase, sondern vor allem das Elend; nicht nur das Mysterium, sondern mindestens ebenso eindringlich das Martyrium des Meskalin-Erlebnisses. Er hat die Droge sehr viel ausdauernder und gründlicher an sich erprobt als Huxley. In dem dichterischen Finale einer durch radikale Selbstentäußerung determinierten Himmelfahrt erscheint dann allerdings der Anlaß des chemischen Reizstoffes weit überflügelt. Es ist möglich, daß der »Überzustand« den Dichter hier mittelbar und ungewollt zur Entdeckung neuer künstlerischer Ausdrucksmöglichkeiten geführt hat: wie schon früher in der Malerei, wo Michaux erst seit 1956 gelegentlich wagt, die figürliche Vorstellungswelt restlos zu verlassen. Die »Meskalinbilder« stiften einen in seinem Werk durch nichts vorbereiteten Stil »gegenstandsloser« Topographien. Wandellandschaft der inneren Schübe, Ausbrüche und Vibrationen; Bewegung ohne Formen.

L'Infini turbulent ist in seiner kühnen Verbindung von schlichtem Bericht, existentieller Prosa und mystischem Text schon weit über die Grenzen der Analysen und Beobachtungen hinausgewachsen, mit denen sich *Misérable Miracle* noch beschieden hatte. Michaux zieht in diesem zweiten Buche ein menschliches Fazit. Das Erlebnis wird hier zum

Anlaß eines weitgespannten Spektrums menschlicher Haltungen, die es auslöst, Postulate, Negationen, Affirmationen, zwischen Verzweiflung und Verzückung, vom *»Enfer vibratoire«* bis zum *»Paradis vibratoire«*.

Auf den ersten Seiten werden in einem fast impressionistischen Stil die Wirkungen der Droge beschrieben, etwa so wie ein genialer Kritiker Musik-Erlebnisse beschreiben könnte. Aber mit der Steigerung der explosiven Intensität kommt sehr bald die Bedrohung der menschlichen Existenz zur Sprache (Bedrohung durch das, was wir eine »schlechte Unendlichkeit« nennen), und zugleich die sittlichen Gegenbewegungen: Scham und Stolz, die allgemeinsten menschlichen Reaktionen zunächst, schließlich aber immer entschiedener das alles umfassende priesterliche Postulat, »bereit zu sein«, *de se présenter bien.* Reinigung, Sammlung, Gehorsam, Vertrauen (bei den alten Mexikanern sogar Fasten und sexuelle Enthaltsamkeit) sind Vorbedingungen der *»Erhebung über alles und über sich selbst, Übereinstimmung mit allem und mit sich selbst, Befreiung von allem und von sich selbst«*, die den – selten genug und niemals endgültig erreichten – Höhepunkt darstellt. Aus der *Ästhetik des Meskalins* entwickelt sich also mit innerer Notwendigkeit eine *Ethik des Meskalins,* die wiederum ihren Sinn erst findet, wenn sie in eine *Metaphysik des Meskalins* mündet. (Natürlich decken sich diese drei Stufen in keiner Weise mit den drei Teilen unseres Buches.)

Andrerseits unterscheidet Michaux in einer abschließenden Zusammenfassung, am Ende des ersten Teils, drei charakteristische Inhalte des Unendlichkeits-Erlebnisses: *pur, diabolique, démentiel:* als unendliche Seligkeit, als teuflische Entwürdigung oder als katastrophal hereinbrechender Wahnsinn. Diese drei Trancezustände gehen beständig ineinander über, die Richtung ist nie mit Sicherheit voraussehbar. Es gibt Bekenntnisse von der Überzeugungskraft des Experiments III, wo der errungene Glückszustand ganz einfach als Vorwegnahme des Lebens nach dem Tode dargestellt wird, eine Begnadung im Schauen, die nicht nur, wie Michaux bemerkt, an Verklärungszustände indischer und christlicher Mystiker erinnert, sondern auf eine frappierende Weise auch an die Lichtvision im Empyräum Dantes. Diesem Kulminationspunkt kurz vor der Mitte des Buches antwortet allerdings der negative Pol des satanischen Experiments V., das den Antonius-Visionen

und Höllenbildern mittelalterlicher Maler entsprechen mag; nicht genug ist zu betonen, daß gerade angesichts dieser gefährlichsten Anfechtung der Wille des Menschen am entschiedensten zum Widerstand aufgerufen wird. (Auch denke ich unwillkürlich daran, wie Dante in der Hölle sich unaufhörlich zur Abwehr vulgärer Anwandlungen härtet.)
Das *drame mescalinien* ist also letzten Endes das Drama eines religiös bestimmten Ethos. Deshalb liest auch der »Nichtmeskalinist« die Trilogie Michaux' mit innerster Beteiligung, ähnlich wie der Nichtgläubige die *Divina Commedia,* vorausgesetzt, daß er für dichterische Beschwörungen menschlicher Konflikte und geistiger Richtwerte überhaupt empfänglich ist, gleichviel ob der Anlaß ihm fremd oder vertraut sein mag.
Wer sich aber darüber entrüstet, daß hier spirituelle Erlebnisse mit Hilfe eines chemischen Reizstoffes ausgelöst werden, der sei an die Argumente der Wissenschaft erinnert, die uns den insipiden Gegensatz von Materialismus und Idealismus längst uninteressant werden ließen. Daß Materie und Geist korrespondierende Erlebnisweisen der gleichen verborgenen Ur-Sache sind, ist eine alte Erkenntnis, für die *L'Infini turbulent* neue Belege liefert.

Hier geht es weder um Genüsse noch um Inspirationen. Eher vielleicht um eine Entmythologisierung, die jenes Geheimnis aufreißt, das die wirkenden Stoffe und der schauende Geist miteinander teilen.

Während der Drucklegung erschien das neue Buch von Henri Michaux *Connaissance par les gouffres* – »Erkenntnis aus Abgründen« – (Gallimard, 1961). Es beginnt mit drei als Motto vorangestellten Sätzen: »Die Drogen langweilen uns mit ihrem Paradies. Lieber sollen sie uns ein wenig Wissen hergeben. Wir leben in keinem Jahrhundert für Paradiese.« Wenn Wissen Macht ist (wessen? über wen?), die Abgründe des Drogenrausches aber freiwillig erfahrene Ohnmacht, dann ließe sich der Titel als psychologisches Paradox auffassen: Macht aus Ohnmacht. Daß es sich ebensogut um eine Beschwörungsformel handeln kann, wird auf den letzten Seiten deutlich, wo das folgende knappe Fazit gezogen wird: »Die Beziehungen zum Unterbewußten (*subconscient*) vermehren, darauf kommt es an ... Es machen lassen. Es vollenden lassen. Die häßliche Gewohnheit aufgeben, alles selber machen zu wollen ... Den *daimon* wiederkehren lassen.« Solche Sätze werfen ein helleres Licht auch über *L'Infini turbulent.*

Suhrkamp Verlag GmbH
Torstraße 44, 10119 Berlin
info@suhrkamp.de
www.suhrkamp.de